対馬10
五島1
平戸6
平戸新田1
長崎県
佐賀県
唐津6
小城7
佐賀36
蓮池5
福岡県
福岡47
久留米21
柳河12
三池1
大村3
鹿島2
島原7
宇土3
熊本新田4
熊本54
熊本県
人吉2
薩摩77
鹿児島県
宮崎県
佐土原3
高鍋3
飫肥5
延岡7
佐伯2
臼杵5
府内2
岡7
森1
大分県
日出2
杵築3
中津10
秋月5
小倉新田1
小倉15
清末1
長府5
山口県
長州37
徳山4
岩国6
津和野4
浜田6
島根県
広島43
広島新田3
広島県
松江19
広瀬3
母里1
福山11
鳥取県
岡山県
鹿野3
鳥取33
若桜2
備中松山5
浅尾1
足守3
勝山2
新見2
岡田1
岡山32
津山10
岡山新田2
鴨方3
庭瀬2
多度津1
丸亀5
香川県
高松12
三日月2
赤穂2
山崎1
龍野5
兵庫県
豊岡2
出石3
三草1
柏原2
篠山6
安志1
姫路15
三田4
林田1
小野1
明石8
京都府
宮津7
福知山3
尼崎4
岸和田5
伯太1
狭山1
丹南1
大阪府
紀州56
和歌山県
田辺4
高取3
新宮4
徳島26
徳島県
西条3
小松1
今治4
松山15
大洲6
新谷1
吉田3
宇和島10
愛媛県
土佐24
土佐新田1
高知県

シリーズ藩物語

守谷早苗……著

# 福島藩

現代書館

プロローグ

# 福島藩物語

福島藩は、延宝七年（一六七九）に本多忠国《ほんだただくに》が大和郡山《やまとこおりやま》から十五万石で入封して始まる（一代、三年）。幕領時代を挟んで貞享三年（一六八六）に堀田家が十万石で入封するが、これも二代、十四年と短命で福島を離れ、明治維新まで支配する板倉家が入るのは元禄十五年（一七〇二）であった。福島藩主となる本多家、堀田家、板倉家といずれも譜代大名で、福島藩は〝信達《しんたつ》〟地方に立地した。

〝信達〟地方とは、信夫《しのぶ》郡（すべて福島市内）と伊達《だて》郡（福島市の一部と伊達市、川俣町、桑折町、国見町）を併せた地域で、伊達郡は十世紀前後に信夫郡から分離した経緯があるように、古来両郡は〝信達〟地方として一体であり、近世の支配・経済・生活・文化いずれの面でも切り離せない地域である。

日本の歴史を振り返ってみると、歴史が動く時、東北地方は前代の政権を支持する勢力が最後まで残る地域である故、新しい政権は全国統一の総仕上げとして東北を攻めた。その時、東北の関門として、ここ〝信達〟が戦場として歴史の表舞台に顔を出してきた。

## 藩という公国

**江戸時代、日本には千に近い独立公国があった**

江戸時代。徳川将軍家の下に、全国に三百諸侯《しょこう》★の大名家があった。ほかに寺領や社領、知行所《ちぎょうしょ》★をもつ旗本領《はたもとりょう》などを加えると数え切れないほどの独立公国があった。そのうち諸侯を何々家家中《けかちゅう》と称していた。家中は主君を中心に家臣が忠誠を誓い、強い連帯感で結びついていた。家臣の下には足軽《あしがる》層《そう》★がおり、全体の軍事力の維持と領民の統制をしていたのである。その家中を藩と後世の史家は呼んだ。

江戸時代に何々藩と公称することはまれで、明治以降の使用が多い。それは近代からみた江戸時代の大名の領域や支配機構を総称する歴史用語として使われた。その独立公国たる藩にはそれぞれ個性的な藩風《はんぷう》と自立した政治・経済・文化があった。幕藩体制とは歴史学者伊東多三郎《いとうたさぶろう》★氏の視点だが、まさに将軍家の諸侯の統制と各藩の地方分権が巧く組み合わされていた、連邦でもない奇妙な封建的国家体制であった。

**今日に生き続ける藩意識**

明治維新から百五十年以上経っているのに、今古代から中世の移行期に、源頼朝は平泉攻めの奥州侵略を行うが、実質的な戦いは、ここ信達での〝石那坂《いしなざか》の戦い〟★1（福島市）と〝阿津《あつ》賀志山《かしやま》の戦い〟★2（伊達郡国見町）であり、ここで雌雄が決した。中世から近世の移行期には、豊臣秀吉の奥羽仕置きが黒川（現会津若松市）で行われたが、戦国期の総決算は関ヶ原の戦いの一カ月後に行われた〝松川の合戦〟★3で、伊達政宗の百万石の野望は潰え、徳川支配の礎が固まったといえる。

近世から近代への移行期に起きる奥羽戊辰戦争は会津鶴ヶ城の落城で終結するが、東北諸藩の会津藩謝罪降伏嘆願路線から武力防衛戦争への転換は、西軍下参謀世良修蔵《せらしゅうぞう》の暗殺が契機であり、それは奥羽鎮撫総督府軍事局が置かれた福島城下が舞台となった。

近世〝信達〟地方は、北に仙台藩（六十二万石）、北西に米沢藩（十五万石）、南に二本松藩（十万七百石）、東に相馬中村藩（六万石）と外様の大藩に囲まれており、また奥州街道から米沢街道、羽州街道の分岐点として政治的要衝の緊張点に位置していたことなどにより幕領・小藩・分領が入り乱れるモザイク模様を呈する地域とされ、特色ある、独自の歴史が展開されるのである。

本書は〝信達〟地方の近世を、福島藩を中心に見ていく。

でも日本人に藩意識があるのはなぜだろうか。明治四年（一八七一）七月、明治新政府は廃藩置県《はいはんちけん》★を断行した。県を置いて、支配機構を変革し、今までの藩意識を改めようとしたのである。ところが、今でも、「あの人は薩摩藩の出身だ」とか、「我らは会津藩の出身だ」と言う。それは侍出身だけでなく、藩領出身も指しており、藩意識が県民意識をうわまわっているところさえある。むしろ、今でも藩対抗の意識が地方の歴史文化を動かしている。そう考えると、江戸時代に育まれた藩民意識が現代人にどのような影響を与え続けているのかを考える必要があるだろう。それは地方に住む人々の運命共同体としての藩の理性が今でも生きている証拠ではないかと思う。

藩の理性は、藩風とか、藩是《はんぜ》とか、ひいては藩主の家風ともいうべき家訓などで表されていた。

〔稲川明雄（本シリーズ『長岡藩』筆者）〕

**諸侯**▼江戸時代の大名。
**知行所**▼江戸時代の旗本が知行として与えられた土地。
**足軽層**▼足軽・中間・小者など。
**伊東多三郎**▼近世藩政史研究家。東京大学史料編纂所教授を務めた。
**廃藩置県**▼幕藩体制を解体する明治政府の政治改革。廃藩により全国は三府三〇二県となった。同年末には統廃合により三府七二県となった。

▶1・2　源頼朝と藤原泰衡の戦い。　▶3　伊達・上杉の戦い。

シリーズ藩物語

# 福島藩

目次

## これも福島

## 福島藩とその周囲の藩の位置

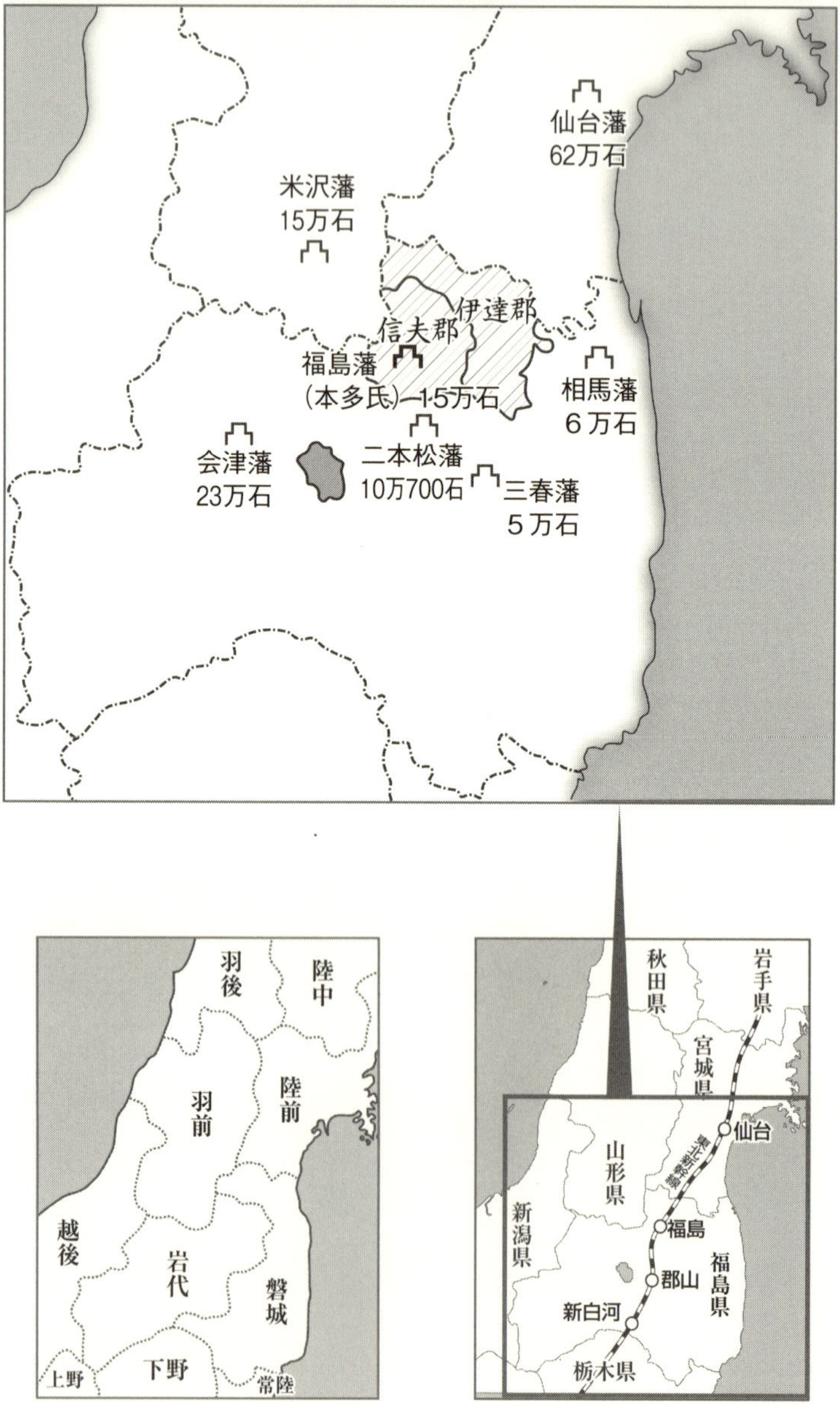

# 第一章 大森城から杉目城へ〝福島〟の誕生

山城《やましろ》から平城《ひらじろ》へ、近世的城下町へ。

伊達政宗像（東京大学史料編纂所蔵模本）

# ①奥羽仕置　近世奥羽の幕開け

二度の奥羽仕置により秀吉の全国支配は確立した。
大森城主となった木村吉清は信夫地方支配の拠点を杉目城に移し、
その地の名を福島と命名した。城下町福島の誕生である。

## 「七種《ななくさ》を　一葉《ひとは》によせて　つむ根芹《ねぜり》」

戦国時代末期、福島県域は葦名・佐竹・白川・二階堂・石川・岩城の連合軍と伊達・田村勢が鋭く対立していた。天正十七年（一五八九）六月五日、磐梯山南麓で、南奥羽の覇者決定戦ともいうべき磨上原《すりあげがはら》の戦いが行われ、葦名・佐竹連合軍に勝利した伊達政宗★は会津黒川城（現在の鶴ヶ城の地）に入った。

そして明くる天正十八年正月、南奥羽の覇者として絶頂期にあった政宗は、伊達氏恒例の連歌会に、この世の春を謳歌して、

「七種を　一葉によせて　つむ根芹」

と発句した。仙道七郡（福島県中通り地方の白河・石川・岩瀬・安積《あさか》・安達《あだち》・信夫《しのぶ》・田村の七郡）ひとからげですべて伊達家のものだ、と豪語する発句であった。

▼伊達政宗
永禄十年（一五六七）〜寛永十三年（一六三六）。父は輝宗。母は最上義守の息女義姫（保春院）。米沢城に生まれる。幼名は梵天丸。妻は三春城主田村清顕の娘愛姫。五歳の頃、疱瘡を病み右眼を失明、そのため独眼竜と呼ばれる。

しかし、その絶頂期は束の間のものとなった。磨上原の戦いが、禁止していた私戦にあたるとされ（「惣無事令」違反）、豊臣秀吉から度々上洛するようにとの催促を受けていたが、政宗は強気にそれに応じなかった。天正十八年三月、秀吉は小田原城攻めのため京を出発、そして再び使者を会津に派遣し、小田原参陣を要求した。さすがの政宗も小田原参陣を決意し、四月六日を出発の日と決定したが、その前日、政宗の弟小次郎を溺愛する実母保春院《ほしゅんいん》が政宗の毒殺を計画、危うく難を逃れた政宗は「幼い弟には罪はないが、母を害することはできないから」と手ずから小次郎を斬殺するなど、この事件の処理に一カ月ほどかかり、小田原に到着したのが六月五日と遅れてしまった。数日待たされて同月九日政宗は初めて秀吉に謁見することになった。時に秀吉五十五歳、政宗二十四歳であった。秀吉は、政宗の頸《くび》を杖で叩きながら、「今少し到着が遅れたら、ここが危なかった」と言ったという。

秀吉は八月九日会津黒川★に到着し、東北の大名の処分である「奥羽仕置」を行うが、政宗はその一カ月前の七月十日、奥羽仕置を意識し、黒川を明け渡し、米沢に本拠を移した。米沢城は政宗の生誕の地であり、三春城主田村清顕《たむらきよあき》の娘愛姫《めごひめ》を娶った地である。この第一次奥羽仕置により福島県域では、会津、岩瀬、安積の諸郡を失ったが、信夫・伊達・安達・田村諸郡は政宗の領地として残されていた。信達地方は依然、政宗の支配下にあった。

▼黒川
文禄元年、蒲生氏郷が若松と改称。

# 客将《かくしょう》★木村吉清《よしきよ》

宮城県北部から岩手県南部にかかる地域を支配していた大崎義隆《おおさきよしたか》（名生城《みょうじょう》）と葛西晴信《かさいはるのぶ》（寺池城）は、奥羽仕置により小田原不参の罪を問われて所領を没収された。この旧葛西・大崎領約三十万石の地を代わって治めることになったのが木村吉清である。

木村吉清は明智光秀の旧家臣で、五千石の侍であったが、秀吉に召し抱えられて重用され、奥羽仕置により、にわかに葛西・大崎の一二郡を領する三十万石の大大名に取り立てられた。しかし、にわか大大名であったため、その家臣たちも成り上がり者で、武士としての作法・振る舞いを知らず、農民や婦女子、大崎・葛西氏の旧家臣への乱暴狼藉や掠奪は目に余るものがあった。鎌倉以来の名門意識の強い大崎・葛西氏の旧家臣の成り上がり者の支配への反感、刀狩や太閤検地に対する農民の反発、そして木村氏支配の目に余る圧政へ、農民だけでなく旧大崎・葛西の旧臣も一緒になった大規模な一揆が発生した。

これに対して秀吉は、政宗と蒲生氏郷《がもううじさと》★を鎮圧隊として派遣した。氏郷による政宗謀反の密告騒動もあり、両者の間はギクシャクしたものであったが、宮城県北部の佐沼城で一揆勢に囲まれた木村父子を救出する手柄は伊達政宗が立てた。

▼客将
客分として待遇される大将。（『広辞苑』）

蒲生氏郷画像
（東京大学史料編纂所蔵模本）

▼蒲生氏郷
弘治二年（一五五六）～文禄四年（一五九五）。小田原攻略の功により会津黒川城主に。キリシタン大名(洗礼名はレオ)。千利休に茶を学ぶ。文武兼備の大名。

天正十九年（一五九一）二度目の奥羽仕置が行われた。まず、一揆発生の責任をとらされた木村父子は所領没収となった。次いで、領主のいなくなった葛西・大崎地方は伊達政宗に与えられ、代わりに会津周辺の所領は蒲生氏郷の領地となった。政宗に与えられた葛西・大崎地方は一三郡約三十万石、それに対して氏郷の領地になった旧伊達領は信夫郡・伊達郡・安達郡・田村郡・刈田《かった》郡（宮城県白石地区）・長井郡（山形県米沢地区）等で約四十万石と政宗にとっては約十万石の減封となった。伊達氏の本領ともいうべき信夫・伊達郡（信達地方）、生まれ故郷の米沢地区、お膝元近くの刈田郡を失ったことが、後の松川の合戦の伏線となった。

この結果、信達地方は蒲生氏郷の支配地となった。氏郷は信夫郡五万石の支配のため、葛西・大崎の領地を取り上げられた木村吉清を迎え入れ、大森城に置いた。客将木村吉清の誕生である。

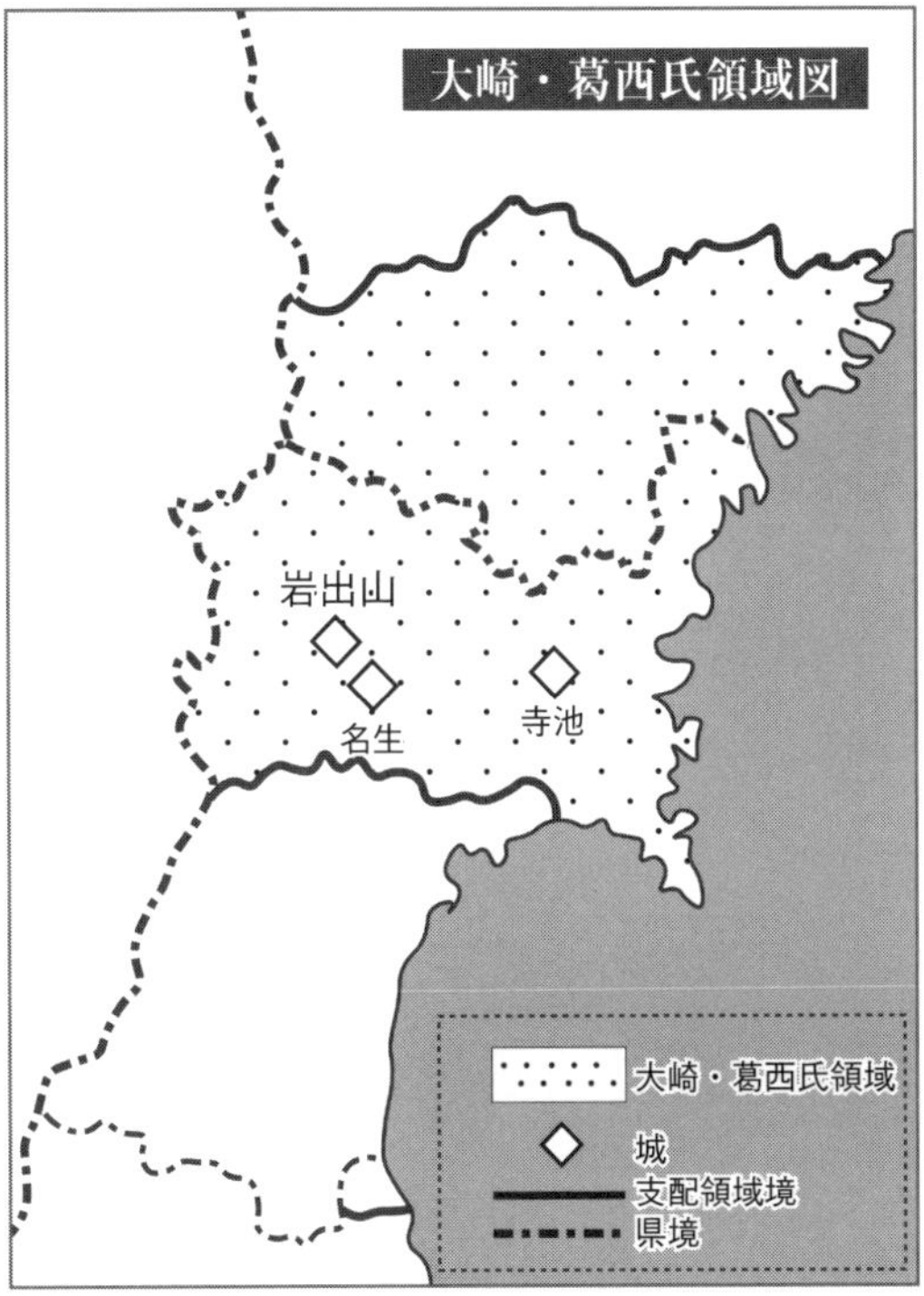

## 大森城から杉目城へ、地名〝福島〟の成立

大森城は信夫郡の西縁山地が東に張り出した突端に設けられた山城で、その城下町は山際に沿って設けられた。米沢を本拠に、安達郡から安積・岩瀬地方や会津方面に攻め入るための軍事的拠点としては最適であったが、周囲は荒川（荒川は戦後河川改修により須川と合流したが、以前は絶えず流路を変える暴れ川であった）の扇状地や氾濫原であり、砂地や湿地が広がり、近世的城下町を形成するには不適な地であった。

そこで、文禄年間（一五九二〜九六）の初め、木村吉清は信夫郡の拠点城を大森から杉目《すぎのめ》に移し、杉目の地名を福島と改正した。木村はどうして支配拠点を移したのであろうか。

杉目城は、その背後、東南に阿武隈川《あぶくまがわ》が流れ、城の北側数一〇〇メートルには松川（現在は信夫山の裏側を流れる）が東流し、その後には信夫山が控えている軍事的な要害であること。しかも、城から西へ、松川と須川《すかわ》（現荒川）の間にある福島・曽根田《そねだ》・八島田《やしまだ》・上下野寺《かみしものでら》・笹木野《ささきの》・庭坂《にわさか》は段丘面にあり、比較的地盤がしっかりしている地域であるため、都市計画のもと、家臣団を集住させ、その周囲に近世的城下町を造営するのに適していたのである。

大森城跡全景（福島市郷土資料室提供）

蒲生氏郷が自領の生産力を測るために行った文禄の検地の結果である村々の石高を記録したものに文禄三年の『蒲生領高目録★』がある。福島村が確実な史料に初めて出てくるのがこの文禄三年の高目録である。そして、天文七年（一五三八）の『段銭帳★』にあった杉目はこの高目録には見えないところから、遅くても文禄三年には杉目が福島に改称されたことは確かである。また高目録には「大森侍屋敷六拾三石」とあるが、これは福島へ移転した木村吉清の家臣団の旧屋敷地が畑地として登録されていることを示している。以上により、文禄三年には大森から福島への移転は完了し、城下の地名も杉目から福島へ変更し終わっている。

では、杉目から福島への改名はどのような理由だったのだろうか。『蒲生氏郷記』によれば、木村吉清が会津において大崎・葛西の旧領を与えられた時、秀吉は氏郷と吉清を呼んで次のように語ったという。

「吉清は氏郷を主とも親とも思いなさい。これからは京都（秀吉）に仕えるには及ばない。会津（氏郷）に仕えなさい。氏郷は吉清を子とも弟とも思いなさい」と。

葛西・大崎一揆後、所領を没収された木村吉清は信夫五万石の城持衆として迎えられたこともあり、氏郷を主としては勿論、親とも思い、氏郷の施策はできるだけ追従しようとしたことは想像に難くない。

文禄元年、氏郷は黒川の地を故郷の近江国蒲生郡若松の森にちなんで若松と改

▼**文禄三年蒲生領高目録**
豊臣秀吉が天正の検地以後、再び奥羽の諸大名に命じた検地によって、蒲生領内の村高と給人名を書き上げた目録。

▼**段銭帳**
伊達稙宗が天文七年（一五三八）に西山城において作成を命じた伊達領内の田地に賦課された段銭の台帳。

称したのに倣い、移転した杉目の地を福島と命名したのであろう。福島の地は湖沼伝説があるように、この時代、吾妻から流れ下りる河川が絶えず流路を変え、阿武隈川との合流地点を中心に湿地帯であったが、段丘面にあった杉目の地は、海に浮かぶ島の様相を示していたと思われる。その島に吉祥の意を込めて福を冠して福島と命名したのであろう。

木村吉清の福島支配は文禄三年で終わる。この年木村父子は京都に呼ばれ、その後福島地方は蒲生氏の直轄地となっている。そして文禄四年五月、秀吉は浅野長政父子に、若松・米沢・白川・田村・二本松・白石・津川の七城を残して、その外の城の破却を命じた。改称したばかりの福島城も、この時取り壊された。それは、慶長三年（一五九八）の蒲生秀行の蔵入地の高目録に「高八十一石八斗三升三合　福島城跡」とあることからも確かである。

# 第二章 上杉氏の支配

近世福島地方支配の基礎確立の時代。

上杉景勝画像（米沢市上杉博物館所蔵）

# ①上杉氏三十万石支配の福島

関ヶ原の戦いで西軍は敗れ、百二十万石から三十万石への減知となった米沢藩は、積極的に用水路の建設と新田開発を行った。そして、この地域の年貢制度などの諸制度を確立し、近世的支配機構を築いた。

## 百万石の御墨付と関ヶ原の戦い

慶長三年（一五九八）正月、蒲生氏郷の跡を継いだ秀行★は宇都宮に移され、越《えち》後《ご》春日《かすが》山城主上杉景勝が百二十万石で会津若松に入った。秀吉にしてみれば、臣下の礼をとったとはいえ、まだまだ天下への野望が見え隠れする上杉景勝★を京都から遠い奥羽の地に移し、自らの安心と伊達政宗への牽制を任せるという思惑があった。景勝の百二十万石は、徳川、毛利に次ぐ全国第三位の大大名であった。蒲生時代は領内に配した支城は一四であったのに対して、景勝は二八支城を配置し、より強力な布陣を敷いた。信達の地には、福島、梁川《やながわ》、宮代《みやしろ》、保原《ほばら》、大森の五城に城代を置いた。福島城代は初め水原親憲《みずはらちかのり》が配置されたが、慶長五年、水原は猪苗代《いなわしろ》に移り、後任として守山城代の本庄繁長《ほんじょうしげなが》★が配された。

▼蒲生秀行
天正十一年（一五八三）〜慶長十七年（一六一二）。蒲生氏郷の長男。文禄四年（一五九五）家督を相続し会津若松九十二万石城主に。慶長三年、家中不和騒動により宇都宮十八万石城主に。関ヶ原の戦いで東軍に属し、慶長六年会津若松六十万石城主で再入部。

▼上杉景勝
弘治元年（一五五五）〜元和九年（一六二三）。長尾政景の子で上杉謙信の養子となる。秀吉に仕え、五大老の一人。慶長三年、越後春日山から会津若松に移封、百二十万石。関ヶ原の戦いの後、米沢三十万石に転封。

この年八月、秀吉は跡継ぎ秀頼のことを心配しつつ没した。

慶長五年二月、景勝は若松城が会津盆地東南の山に近いため防御の面での不安と、城下町拡張の困難さにより、城から三キロメートル余北西の地、阿賀川《あがかわ》と湯川《ゆかわ》に挟まれた要害の地神指《こうざし》に築城を開始した。越後の堀秀治《ほりひではる》は、この新城建設や景勝が武具を準備し、浪人を召し抱えており、また道路や橋の普請をしていることなどを徳川方に通報した。そこで家康は五大老筆頭の立場から使者を送り、景勝に上洛を促した。ここで上洛することは身の潔白を弁明するためであり、徳川に臣下の礼をとることを意味するため、上杉は「諾」と返答するわけにはいかなかった。

五月三日、家康は諸大名に会津攻めの命を下した。上杉包囲網は、伊達政宗に伊達・信夫口を、最上義光《もがみよしあき》（妹は政宗の母）に米沢口を、前田利長・堀秀治に津川口を、佐竹義宣に仙道口を、そして白河口に家康・秀忠父子と東海・関西の諸将を配置するものであった。

七月二十一日、家康は江戸を発し、奥州街道を北上した。そして下野《しもつけ》小山《おやま》に到着した同月二十四日夜、石田三成挙兵の急報が家康に届いた。それも想定内だった家康は二十六日軍勢を西に向けた。

一方大坂から戻った政宗は北目城《きためじょう》（仙台市太白区郡山）に本陣を構え、七月二十五日には白石城を落とした。またその頃政宗の重臣 桜田元親《さくらだもとちか》は浜通りから伊達

▼本庄繁長
天文八年（一五三九）～慶長十八年（一六一三）。一時上杉謙信と敵対したが、その後家臣になる。上杉景勝会津入部後は田村守山城代から福島城代となり、松川の合戦では伊達政宗を撃退した。関ヶ原の戦い後、家康との講和交渉で活躍。上杉氏存続を認められた。墓は福島市長楽寺にある。

郡に侵攻し、川俣城を落とした。

　こうして上杉包囲網を徐々に狭めていっていた頃、八月二十二日、家康は「百万石の御墨付」と呼ばれる覚を政宗に発した。これは第二次奥羽仕置で政宗から取り上げて氏郷に与えた刈田（白石付近）、伊達・信夫・二本松・塩松《しおまつ》（旧安達郡岩代町・東和町付近）・田村・長井（米沢周辺）の旧領七カ所を政宗の家老衆に与える旨の文書で、これら七カ所の石高は都合四十九万五千八百石、当時の政宗の所領約五十八万石と併せると百万石を超えるので、俗に「百万石の御墨付」といわれるものである。

　上杉軍団は、最強の騎馬隊といわれる武田の軍勢と互角に戦ってきた伝統があった。九月、米沢に配されていた直江《なおえ》兼続《かねつぐ》は最上領に入り最上義光の居城山形城に迫っていた。九月十五日、義光は使者を北目城に送り、政宗に援軍を乞うた。それに対して伊達家内では最上切り捨て論もあった。最上の戦いの報告を受けた政宗は「最上衆弱く候て大利を得ざる由に候」と歎きながらも、山形城にいる実母保春院を見捨てられずに援軍派遣を決めた。

　ちょうど同じ日、美濃国関ヶ原では天下分け目の戦いの火ぶたが切られようとしていた。この日の明け方東軍の先鋒が関ヶ原に到着、家康はその東南の桃配《ももくばり》山《やま》（岐阜県不破郡関ヶ原町）に本陣を構えた。東軍の総兵力は七万六〇〇〇余、それに対して毛利輝元を総大将に小早川秀秋・宇喜多秀家・小西行長・島津義弘等

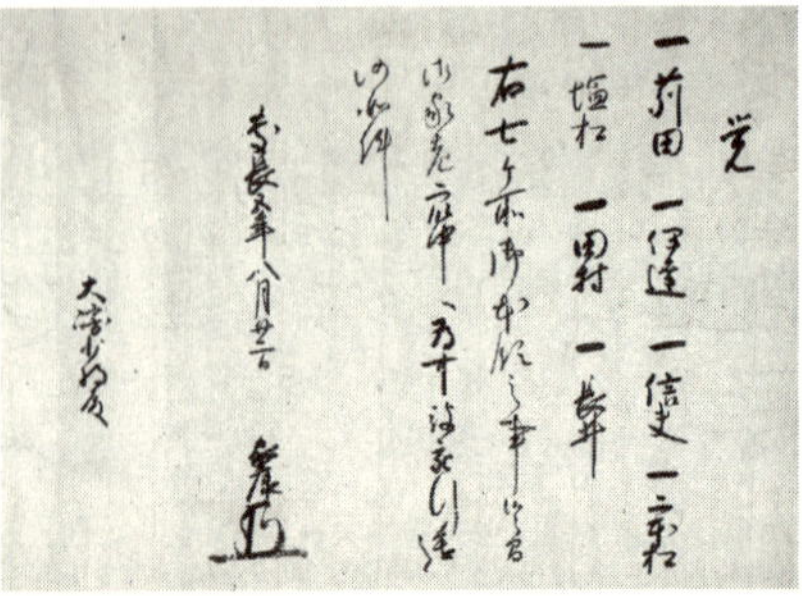

徳川家康領知覚書　百万石の御墨付
（仙台市博物館蔵）

覚
一、苅田　一、伊達　一、信夫　一、二本松
一、塩松　一、田村　一、長井
右七ヶ所、御本領之事候之間、
御家老衆中へ為可被宛行、進之候、
仍如件
慶長五年八月廿二日　家康（花押）
大崎少将殿

西軍総勢九万三七〇〇余（一説には八万二〇〇〇余）が対峙した。早朝から戦いは始まり、一進一退の攻防が続いたが、小早川秀秋の内応があって西軍は壊滅となり、六時間余の戦いは東軍の勝利に帰した。

西軍敗北の報は、九月二十九日には会津の上杉景勝のもとに、北目城の政宗には三十日に届いた。景勝はすぐに直江兼続のもとに使者を送り、敗北の報を告げ、全軍退却を命じた。兼続の撤退作戦は、後に家康からも「あっぱれ」と称賛されたように、見事に統制のとれた撤退劇を披露した。伊達・最上連合軍の追撃を振り切り、二万にも及ぶ大軍はほとんど損失することなく逃げ切ったのである。

## 松川の合戦～もう一つの関ヶ原の戦い～

家康の作戦で、背後から上杉を牽制する役目を果たした政宗であったが、最上の戦いでは逃げる上杉軍を相手に戦果を得ることができず、唯一もぎとったのは刈田郡白石城だけであった。このままでは「百万石の御墨付」が幻の証文になってしまうことを危惧した政宗は、実力で旧領を奪還しようと試みることにした。特に伊達郡・信夫郡は奥州伊達氏のルーツであり、家名の由来となった土地であった。

当時、信達支配の拠点福島城には本庄繁長がいた。福島城は、文禄四年（一五九五）に破却されたが、景勝は伊達の侵攻に備えて修築していた。そして北からの緊張に備えて、水原親憲に替えて本庄繁長を福島に配していた。繁長は上杉の家臣の中でも名うての猛将である。若き日の上杉謙信に従って川中島の戦いにも参加し、またある時は繁長の乱を起こしたが、御舘《おだて》の乱（謙信の後継者争い）では景勝側について景勝の信頼を得ていた。本庄繁長、天文八年（一五三九）生まれ。景勝より十六歳年長で、関ヶ原の戦いの時には還暦を迎えていたが、老いてもなお盛んな信念の老将であった。

関ヶ原の敗北の報を聞いて退却した上杉勢は、政宗の信達侵攻を警戒し、米沢からかつての福島城に配していた水原親憲らを福島支援に派遣していた。

十月五日、政宗は仙台北目城を発し、白石城に到着。六日、白石城を出発し、伊達の大木戸《おおきど》を越え、国見《くにみ》の阿津賀志山《あつかしやま》に本陣を張った。ここで隊を二分し、本隊は藤田から桑折《こおり》に向かった。そして藤田で分かれた別働隊は福島盆地の西縁山麓を南下し、米沢・会津からの上杉勢の援軍を阻む行動を取った。この別働隊には、かつての領主を慕い伊達勢に加担する土着した旧伊達家臣なども内応したが、

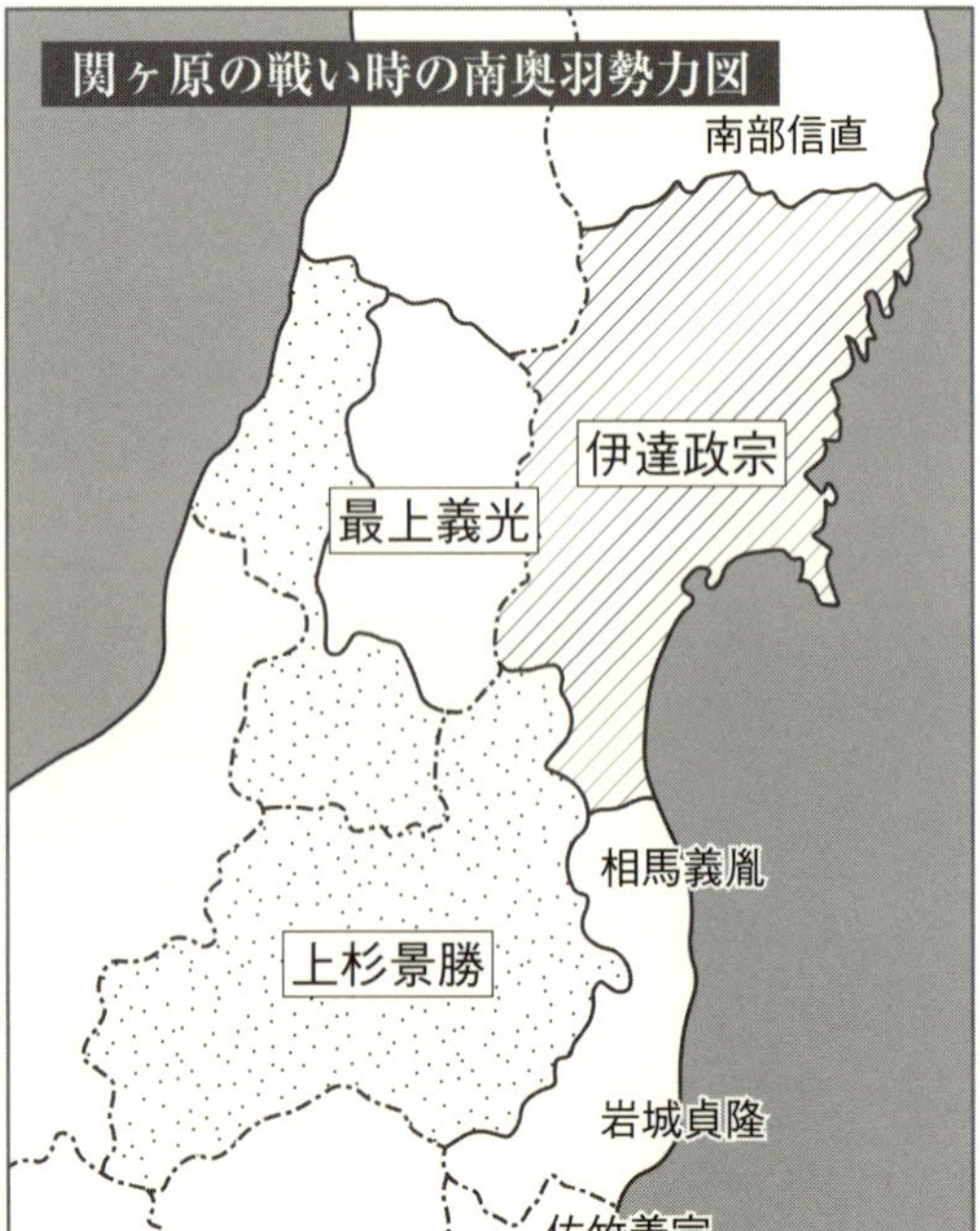

関ヶ原の戦い時の南奥羽勢力図

水原親憲らの福島入りを食い止めることはできなかった。

伊達勢本隊は、奥州街道を南へ進軍し、これを阻止せんと瀬上で本庄繁長の次子義勝と小田切安芸が奮戦したが、伊達二万の軍勢を押さえることはできず、松川まで後退した。

吾妻山の北東部から流れ出る前川にいくつかの沢が合流し松川となり、栗子山《くりこさん》地《ち》の南の峡谷を刻んで福島盆地に出、信夫山の北側を東流し阿武隈川と合流する松川は、江戸時代の初めまでは信夫山の南側を通り、現福島競馬場の東側で阿武隈川に合流していた。競馬場の北端に、古松川（旧腰浜村小字）や松川前（旧五十辺村小字）が残っていることも松川が信夫山の南側を流れていたことの一つの証左といえる。そしてそのことは江戸時代を通じて人びとに語り継がれていた。

志田正徳著『信達一統志』（信夫郡全八巻は天保八年（一八三七）成稿）の「御山村杉妻大仏堂」の項に次の記述がある。

「慶長年中（一五九六～一六一五）は今の松川信夫山の南を流れしと云。今の祓《はらい》川《がわ》これなり。東国太平記に松川合戦とあるは山の南を流通せし時なり。関ヶ原記に伊達政宗卿と上杉家の臣岡佐内と太刀撃せし所は又本庄左近が討死せし所、此辺に近かるべし」

政宗は、信達奪還の仕上げに福島城を攻撃せんと、信夫山の南面、黒沼神社境内（現在の信夫山公園）に本陣を構えた。ここから福島城は松川を挟んで二キロメートルの位置にあった。

信夫山は、五百万年ほど前の第三期中新世後期に流紋岩質のマグマが嵌入《かんにゅう》し、また熱水が上昇して珪化作用や変質作用を受け、非常に硬い岩石に変化した。そのため、その後の侵食作用にも耐えて独立丘陵として残ったのだが、全山硬い巨岩に覆われ、修験道の修行場として使われていた。全山、修験者の道場であった信夫山の頂点に羽黒大権現（現羽黒神社）があり、その別当寺が羽黒山寂光寺《はぐろさんじゃくこうじ》である。寂光寺を味方に付けることは、修験者＝僧兵を味方に付けることであった。政宗が黒沼神社境内に本陣を構えたのは、一つには僧兵たちを戦力として自陣営に引き入れる狙いがあった。もう一つには、戦略的な狙いである。福島城は信夫山の本陣からは南へ一直線の一本道（現県庁通り）であり、本陣からは上杉勢の動きがすべて丸見えとなる。

ここまでの経過からしても、最終局面での布陣からしても、伊達勢に負ける要素は一つもないはずであった。そこに落とし穴があった。油断であろうか。

伊達勢の小荷駄方《こにだがた》（兵や馬の兵糧・武具・火薬・軍需品を運ぶ輜重諭卒隊）には警護の兵もなく、本隊からだいぶ遅れて移動をしていた。そこへ、救援に駆け付けた上杉勢の梁川城須田大炊介《すだおおいのすけ》等が阿武隈川を渡ったところで無防備の小荷駄方を襲った。伊達勢の長い隊列は大混乱に陥り、武器弾薬が到着しない伊達勢本隊も大混乱に陥った。勢いにのった須田勢は、伊達の本陣に乗り込み、竹に雀の家紋が描かれた帷幕《いばく》を奪った。

信夫山の伊達勢本陣に煙が上がり、須田大炊介勢が気勢を上げ、伊達勢が慌てふためいている状況は福島城からも見てとることができ、本庄繁長も福島城を出て、総崩れとなった伊達勢を追撃していった。

伊達勢は国見に引き上げ、翌七日には北目城に戻った。

旧領奪還を狙った政宗の野望は、画餅に帰した。百万石の御墨付は、幻の御墨付となった。

関ヶ原の戦いの後、西軍の将のうち、石田三成は伊吹山で捕らえられ、小西行長らと京都六条河原で処刑され、石田・宇喜多秀家・長束《なつか》正家らは領地没収となり、総大将格の毛利輝元は中国地方百二十万石から周防・長門二カ国三十六万石となった。

一方東北では、まず伊達家は当初の、上杉を背後から牽制して関ヶ原に参戦させない役割を果たしたのにもかかわらず、松川の合戦での敗走が響いたのか、実力でとった白石城の刈田郡のみの加増で六十万五千石（後、六十二万石）に留まった。

そもそも慶長五年の戦いの発端となった上杉家は、本来なら領地没収となってもおかしくなかったが、戦後、景勝はいち早く本庄繁長を徳川家康のもとに派遣した。本庄繁長は本多正信に家康への謝罪のとりなしを願い、家康はこれを認め、

徳川家康像
（東京大学史料編纂所蔵模本）

景勝に上洛を命じた。そして翌慶長六年七月、景勝は大坂城で家康に面談し謝罪を行い、領地没収の危機を免れた。家康の裁定は、会津百二十万石から米沢三十万石への移封であった。

## 米沢三十万石下の信達

信達地方は、これまで通り上杉の支配となったが、景勝は会津百二十万石時代の家臣を召放ししなかったため、そして幕府からの相次ぐ手伝い普請（土木事業）による支出増のため、家臣の秩禄を三分の一に減らしたものの、その藩経営は容易ではなかった。

石高制のもと、藩財政建て直しの一番の得策は、まず耕地を増やすこと（新田開発）、そのためには用水路の整備が急務となった。

上杉支配のもと、信達地方を四つの地域に分け、それぞれに大庄屋を置いて地方《じかた》支配の責任者とした。つまり、藩主のもとに、奉行―郡代―代官を置き、その

信達四郡領域図

下に大肝煎として四郡役を置いて、村々を指導させた。

信達地方は、信夫郡と伊達郡に二分し、伊達郡を阿武隈川を境に西側を西根郷、東側の内北半分を東根郷、同南半分を小手郷として（前頁の図）、それぞれに郡代を置き（但し、東根郷は上郷と下郷にそれぞれ一人置いた）、その下の村々に名主－組頭－百姓代－小前百姓《こまえびゃくしょう》（一般農民）がいた。

信夫郷六八カ村（邑鑑村数）　郡代　鈴木源左衛門（福島村）
西根郷三二カ村（邑鑑村数）　郡代　佐藤新右衛門（桑折村）
東根郷三三カ村（邑鑑村数）　郡代上郷　渡部新左衛門（下保原村）
　　　　　　　　　　　　　　郡代下郷　堀江与五右衛門（梁川村）
小手郷二一カ村（邑鑑村数）　郡代　高橋清左衛門（秋山村）

## 西根堰の開鑿

信夫郡は摺上川以南で、吾妻《あづま》の山々から流れ出る川は摺上川、小川、八反田川《はったんだがわ》、松川、天戸川《あまとがわ》、須川、荒川など何ものにも妨げられることなく、自由に流路を変えながら阿武隈川に合流するのに対して、西根郷では、吾妻の山々の前面に、阿津賀志山－半田山《はんだやま》－平沢山《ひらさわやま》と分水嶺が立ちはだかっているため、西根郷の茂庭《もにわ》村を流れる摺上川は東流できずに南下し、飯坂《いいざか》まで来て小川と合流し東へ流れ阿武

佐藤新右衛門
（福島市蔵）

隈川と合流する。それ故西根郷を流れる河川は小河川《しょうかせん》だけで、しかも吾妻の山々のような積雪の少ない低山を源とするため、恒常的な水不足に悩まされていた。

信達地方では、用水路を堰というのが一般的である。これは用水取り入れのため、川を堰止めて水量を調節する構造物を置くことから来ている。

西根堰は、上堰と下堰からなる。ともに摺上川から水を揚げ西根郷の原野を潤し、水田と化したが取り入れ口がより下流にあるのが下堰で元和四年（一六一八）に通水した。

西根郷の郡役を務めた桑折村の佐藤新右衛門は、元和年間の初め、新しい堰の工事を計画し、米沢藩の総奉行平林正恒《ひらばやしまさつね》に願い出て、同四年に許可になり開鑿が始まり、その年のうちに完成したという。

下堰は摺上川の左岸、湯野村の八卦《ばっけ》に取水口を設置し水を揚げ、一六の村を通り、伊達崎村で阿武隈川に注いだ全長一三キロメートル、その灌漑の受益地は約三〇〇町歩に及んだ。

下堰は上堰に比べて工事の難所も少なかったこともあり、一年のうちに完成したといわれるが、慶長十一年（一六〇六）に湯野村源蔵《ゆのむらげんぞう》が総奉行平林正恒から堰守の任命と堰普請役を命ぜられた史料があり、また自然の河川を利用した箇所もあり、既成の堰や河川を繋いで完成したと考えるのが自然であろう。

下堰により新たな水田が三〇〇町歩ほどできあがったが、それは段丘上の荒地を灌漑することはできず、もっと上流から水を揚げる新たな堰の工事の必要性を佐藤新右衛門は痛感していた。そこで新右衛門は、米沢藩士福島奉行古河善兵衛《ふるかわぜんべえ》を説き、藩に対して「村々の多くは用水がなく、粟《あわ》や稗《ひえ》類しか植え付けができず、百姓たちは非常に困っているので、是非新堰の開鑿許可をいただきたい」と再三願い出た。それに対して藩は、工事の困難さと財政上の難しさから財政援助をしないことを条件に許可した。上堰は寛永元年（一六二四）から古河善兵衛を普請奉行に、佐藤新右衛門を普請奉行添役とし、清水喜兵衛《しみずきへえ》を役人筆頭に山口庄右衛門《やまぐちしょうえもん》（井野目村）など地元の有力農民を役人と体制を整え、翌二年に着工し、八年の歳月をかけ、同九年に完成した。既存の堰や自然河川を使った下堰に比べ、随所に高い技術力を必要とする難しい工事であった。

全長二九・二キロメートル（現在は二六・四キロメートル）で約九〇〇町歩（約九〇〇ヘクタール）の灌漑用水となったが、水田にできるだけ温かい水を引き入れるため、取水口を標高一一〇メートルのところから取った後、一〇〇メートルの等高線に沿ってほとんど勾配なく（勾配一／三〇〇〇〜一／一〇〇〇パーミル約二九キロメートルで高低差五〇メートル）太陽光を浴びながらゆっくりと水は流れ、隧道（トンネル）内は水が冷えるため勾配を付けて早く流している。ちなみに勾配一／三〇〇〇というのは、三〇〇〇メートル行って一メートル下がる、換言すれば二メートルで一ミリメートルの落差という緻密さである。堰末に行って急激に

古河善兵衛
（福島市蔵）

落ちるため、実質三〇キロメートル流れて五〇メートルという高低差である。標高一〇〇メートルの等高線に沿って流れる堰の工事は、極めて高度な測量術と土木技術が必要であり、江戸時代の極めて初期にこうした技術が東北の片田舎でも発揮できたことは驚きである。

では、どうしてこれが可能であったのだろうか。

ポルトガル人の来航は、鉄砲とキリスト教の伝来をもたらしたといわれるが、もう一つ、数学とその応用技術の測量術をももたらしたことはあまり重要視されていない。戦国時代末期から近世初期にかけて、日本の土木力は目を瞠るものがある。城郭は山城から数層の天守閣を持つ平城に変わり、その周囲には広い城下町が形成され、太閤検地に代表される実測検地が全国で展開し、用水路が開かれて新田開発が進んだ。こうした土木事業が展開されるためには非常に多くの測量技師、設計士、計算できる算術者、建築技術者、土木技術者がいなければならない。江戸時代に独自の発達を遂げる和算★は、この時代からスタートするが、それは宣教師がもたらした数学と漢訳数学書・漢訳測量技術書であり、信長・秀吉をはじめ多くの戦国大名が自領経営のために取り入れたためである。

西根堰開鑿技術者の一人に清水喜兵衛がいる。清水喜兵衛は、信州《しんしゅう》芋川堰《いもかわせき》の開鑿工事を担当した清水戸《しみずと》右衛門《えもん》の次子である。父戸右衛門は測量術を学び、数学にも長じていた。子喜兵衛は父戸右衛門の直弟子として測量術や堰掘削技術を

▼和算
中国伝来の数学をもとに近世以降日本で独自に発展した数学。関孝和により世界的水準にまで高まった。

学び、上杉景勝に仕えて会津から米沢へと移ってきた人物である。隧道内では流速を早める法や測量の際提灯を灯したという伝説など、上堰と芋川堰には共通したものがあるのは、清水喜兵衛の存在の重さを示している。なお普請役人の森次《もりじ》右衛門《えもん》と内村甚右衛門《うちむらじんえもん》も信州普請奉行であったことから、この時代技術者が全国を渡り歩き測量術を含む土木技術を広めていったことがわかる。

新たな堰の開鑿と耕地拡大は西根郷だけではなかった。阿武隈川を距てた東根郷のうち、特に旧保原町管内は、伊達郡東岸を北上する広瀬川の水は遠く灌漑には利用できず、耕地化できない土地が多くあった。そこでこの地でもまた信夫郡・西根郷、・東根郷・小手郷の現地責任者四郡役等によって開発が行われた。東根郷は上郷に下保原村在住の渡部新左衛門と下郷に梁川村在住の堀江与五右衛門と二人の郡役が任命されていた。この二人が協力して開鑿したのが砂子《いさご》堰である。その工事は関ヶ原の戦いのあった慶長五年（一六〇〇）から始まった。砂子堰は広瀬川の水を泉原《いずみはら》村（旧霊山町）字川西から堰揚げし、大門《だいもん》・新田《にった》・細谷《ほそや》村（旧梁川町）、金原田《かなはらだ》・柱田《はしらだ》村（旧保原町）を通り、上保原《かみほばら》村で高成田川《たかなりたがわ》に注ぐ、延長一六キロメートル、灌漑面積七〇〇町歩（一五カ村の水田を灌漑）の堰である。

信夫郷（信夫郡）ではどうだったのだろうか。信夫郡は吾妻山系から流れる数河川の急流が暴れながら阿武隈川に合流するため、福島盆地は湖だったという湖水伝説が生まれるほどの湿地帯で、水不足に悩むよりも排水が必要な土地が多かったと思われるが、須川（現荒川）と松川の中央帯と摺上川（とその支流の小川）と松川の中央帯の段丘面は河川からの水揚げが困難な地域で新たな堰の開鑿が必要であった。

西根堰の役人を務めた山口庄《やまぐちしょう》右《え》衛門《もん》重嗣《しげつぐ》の孫山口庄右衛門重久《しげひさ》は、正保四年（一六四七）、佐場野原《さばのはら》・大笹生原《おおざそうはら》・入生野原《いりうのはら》に水を引いて耕地化することを計画し、自分費用での工事に着手した。取り入れ口は、飯坂温泉の南で摺上川と合流する小川が谷筋を下り扇状地を形成する谷口で水揚げする工事は、取り水れ口も廊下（トンネル）となり、堰延長約三・五キロメートルで廊下の総延長が二一八間（約三七八メートル）と全体の一割強となる難工事で、しかも藩の援助なしの工事であったため、工事は所要年数十三年、万治二年（一六五九）に完成した。

堰の名称は「井野目堰」と名付けられ、この堰の灌漑により広大な耕地ができ、井野目村という新村が生まれた。

新たに開発された耕地のうち、二百石分は五年間の期限付きで功労者山口庄右衛門の知行地として与えられ、また平野三角山の麓には、その功を讃えて「久《きゅう》山舜長《ざんしゅんちょう》居士《こじ》（庄右衛門重久の法名）」の石碑が建てられた。

このように、知行を四分の一に減らされた米沢藩にとって、新田開発は急務であったが、そのための用水路工事は、近世初めに集中して実施されたことがわかる。

## 寛永の総検地

慶長六年（一六〇一）七月、上杉景勝は大坂城で家康に面会し謝罪。領地没収を免れたが、会津百二十万石から米沢三十万石へと四分の一の減知となった。しかし、景勝はこの時家康から領地判物と目録をもって三十万石を与えられたわけではない。家康から認められた領地は、出羽国置賜郡《おきたまぐん》（通称長井郡、政宗が家康からの百万石の御墨付文書でも米沢地方は長井郡と表記されていた）と陸奥国伊達郡・信夫郡であるがその内訳を示す判物《はんもつ》★・目録はない。

慶長十六年正月に軍役賦課のために作成した長井郡伊達郡（信夫郡を含む）総高目録によれば、本高合二十九万八千八百四十八石八斗一合とある数字が三十万石に近い数字である。検地による村高の合計としてわかるのは、蒲生時代に作成された「文禄三年蒲生氏領村高帳」である。これによれば、

長井郡　十七万八千四百三十三石六升
信夫郡　五万三千百九十四石五斗二升
伊達郡　五万六千六百八十三石八斗八升
合計　二十八万八千三百十二石十四斗六升

となる。

▼判物
朱印ではなく、花押により所領を宛て行う文書。江戸時代、十万石以上に発行。以下には朱印状を出した。領地目録が添えられた。

上杉家に残る最初の領知判物は寛文四年（一六六四）の領知判物である。寛文四年は信達を失い十五万石となる年であり、この領知判物が三十万石時代の唯一のものである。これによれば、

出羽国置賜郡　二五七カ村　十八万六千九百九十石余
陸奥国信夫郡　六七カ村　四万八千五百三十石余
同　国伊達郡　八六カ村　六万四千四百七十石余

とある。寛文四年といえば、米沢藩が三十万石から信達地方を上知され、十五万石に減らされた年である。つまり、米沢藩は、慶長六年の米沢藩政の始まりから、大開発時代を経た寛文四年まで石高が変わらなかったことを示している。

ではあの大開発時代は何だったのだろうか。江戸幕府は、石高制という政治・経済体制の中で、各家（藩）に付与した領知判物の石高は変更しないことを原則としていた。幕府が各藩（家）に命ずる軍役（戦争時に出動する兵力）や土木工事などや各藩内で藩主が家臣に命ずる軍役や村請制度による年貢諸役なども近世初めの公的な石高（村高）を基準にしたため、基本的には新田開発ごとに石高（村高）を変更することはできなかった。そのため、領知判物の石高が幕末まで変更されなかった。この石高を実高に対して表高（公称の石高）と称した。

では、米沢藩の実高はどうだったのだろうか。

米沢藩では寛永十五年（一六三八）・十六年に総検地が行われた。この検地を前

米沢城

に、藩は法度として検地についての次のような基本方針・姿勢を示している。
一、検地を行う際、役人同士がよく打合せをして、実測しない場所がないようにすること。
一、山間部と平野部で差異があってはならないので、公平にくじ引きで決めること。
一、草鞋《わらじ》以外は村から一切ものを貰ってはいけないこと。
一、焼畑であっても、鍬《くわ》の耕作跡がある畑は実測検地をすること。
一、検地にあたって、村人は石盛を低くしてもらうためにわざと田を畑にしたり、畑を荒らしておいたり、昨年の洪水により田畑になるべきところを荒れ地のままにしておくことがないように。
と強い態度で検地に臨むように示している。また農民に対しても次のような誓約書を提出させている。
一、検地の実施については異論を申し上げません。
一、本田畑・荒れ地など少しも隠さず検地をしてもらいます。
一、検地役人が宿泊している宿に村役人（村方三役）は訪問しません。
一、検地役人の食事に村人が集まって饗応したりせず、役人の食事は一汁一菜とします。
このような検地役人や農民に対して検地の際の心得を示しているのは、逆に言えば、不正やおもてなしがなされていた実態があるから禁止をするのであるが、百二十万石から三十万石への四分の一の減知という現実の中で、新田開発された耕地の実態を捉えて年貢賦課をしたいという切実な思いがあったからであった。

では、この検地の結果明らかになった米沢藩の実態を見てみよう。

長井郡　高　三十万五千百三十八石六斗四升二合
　物成　九万二千九百三石八斗八升五合
伊達信夫郡　高　二十一万二千九十四石一斗六升二合
　物成　四万九千八百十二石一斗四合
合計　高　五十一万七千二百三十二石八斗四合
　物成　十四万二千七百十五石九斗八升九合

表高三十万石に対して、実高五十一万七千二百三十二石余と一・七倍の増加であった。これは、文禄二年（一五九四）の高目録の時点で見遁《みのが》していた隠田や焼畑などまで余すところなく竿入れ（実測）した成果であるが、前述のような西根堰や砂子堰などの用水路工事の実施とその用水路の水を利用して開発した新田による増加分に負うところが大きい。

これが寛永年間の実高であるが、米沢藩の新田開発はその後も続いたことは前述の井野目堰開鑿のところでも述べた。

寛文四年（一六六四）に米沢藩は十五万石への半知となるが、上杉氏が幕府に領地を引き渡す際、改めて領内の石高を調べ幕府に提出している。これを古高といい、寛文四年時点での米沢藩の実高である。その数字が以下である。

信夫郡　十万八千百七十四石
伊達郡西根郷　四万五千九百十一石
伊達郡東根郷　四万八千七百九十石
伊達郡小手郷　四万六千九百八十二石
信達合計　二十四万九千八百五十七石

信達地方だけで、寛永期に比べ三万七千七百六十三石余増加している。

これまで米沢藩の近世初期における耕地拡大策のための用水路開鑿事業を見てきた。耕地拡大策は領内のどんな小さな新田も見逃さずに検地帳に載せ、年貢収納の対象地とした。その結果寛永期において、一・七倍に石高は増加し、その後も開発は続き、信達地方に限れば、江戸初期の十一万三千石が寛文四年には二十四万九千八百五十七石と二・二倍に増えている。百二十万石から三十万石への減知が藩経済に及ぼした影響の強さをここからも窺うことができる。

## 寛文四年十五万石に

正保二年（一六四五）九月、米沢藩二代目藩主定勝《さだかつ》の逝去によりその子綱勝《つなかつ》が第三代藩主となった。わずか八歳の幼い藩主の誕生であった。綱勝は承応二年（一六五三）元服し、従四位下播磨守に任ぜられ、この時将軍家綱から一字を賜って綱勝と改名した。寛文四年（一六六四）五月二十二日、綱勝は江戸城に登り、将軍家綱に拝謁。大名は代替わりごとに領知判物をいただくことになっており、上杉家としても初めてこの時領知判物をいただいている。なお、十万石未満の大名は朱印状であるが、十万石以上の大名は将軍の花押が書かれた判物を渡されることになっていた。

その半月後、綱勝が急逝した。上杉家にとってお家取り潰しの危機が訪れた。

綱勝は生来病弱であった。綱勝は二代藩主定勝の二男であったが、世継ぎの兄徳松が、綱勝の生後二カ月の時、疱瘡で亡くなり、世子となったが綱勝も小さい時疱瘡に罹っている。明暦元年（一六五五）四月、十八歳の時、会津藩主保科正之《ほしなまさゆき》★の娘媛姫《はるひめ》を正室として迎えた。媛姫はその三年後に逝去したが、この縁組みが米沢藩を救うことになる。

綱勝は成人しても病弱の体質は変わらなかった。万治元年（一六五八）、参勤交代で出府の年であったが、病に臥し、登城することができなくなった。米沢の国元では、領内の神社に対して御回復の祈願を命じ、祈禱札を献じている。

綱勝の正室媛姫は継嗣を産むことなく逝去し、継室に迎えた京都の公家

**上杉氏・保科氏・吉良氏関係系図**

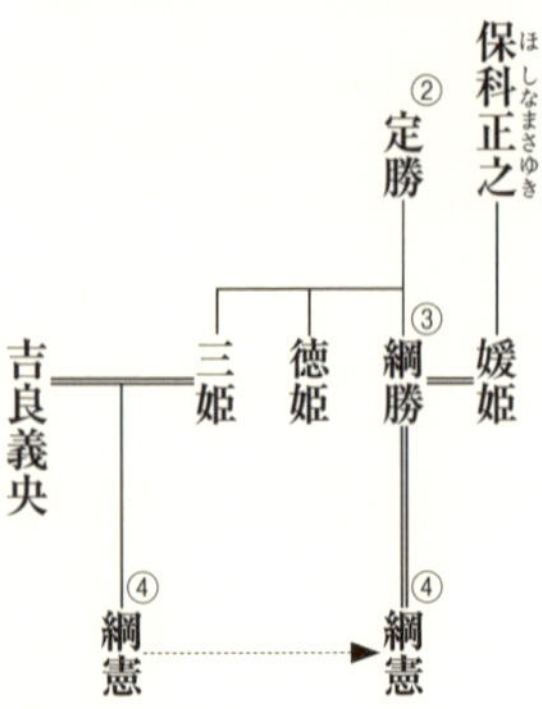


▼保科正之
慶長十六年（一六一一）～寛文十二年（一六七二）。二代将軍秀忠の妾腹の子。信濃高遠三万石藩主から山形藩主（二十万石）となり、寛文二十年（一六四三）会津二十三万石藩主となる。会津藩の藩祖といわれる。四代将軍家綱を補佐。幕政を文治政治に転換させた。

四辻公理《よつつじきみまさ》の娘もまた継嗣を産むことはなかった。綱勝の兄弟のうち、兄は早世し、弟もまた早世しており、跡継ぎをどうするかが大きな課題となっていた。

綱勝の妹三姫《さんひめ》は、万治元年、幕府の高家《こうけ》、吉良上野介義央《よしなか》と縁組みをし、寛文三年（一六六三）男子三郎（後の綱憲《つなのり》）を出産した。なお、吉良上野介義央は、元禄一四年（一七〇一）江戸城内で浅野内匠頭長矩に斬られ、翌年大石内蔵助等赤穂浪士に討ち入りされた人物である。

上杉家では、この三郎を養子に入れて第四代藩主に、との考えでまとまり、同年十一月には、三郎の養子内約が整っていた。しかし、正式に幕府に養子縁組の届け出はしていなかった。幕府は当初、藩主が危篤に陥ってから急いで養子縁組を届ける末期養子を認めず、お家取り潰しとしていたが、多数の浪人が発生し社会不安の一因となっていたので、由井正雪《ゆいしょうせつ》★が起こした慶安《けいあん》事件（幕府転覆未遂事件）をきっかけに大名の末期養子制度★を緩和していた。しかしそれでも原則として養父の意志であるかどうかを確認しなければならなかったので、今回の米沢藩上杉家の場合は、原則的には認められず、米沢藩存続の危機であった。

この危機を救ったのが、綱勝の岳父、既に亡くなっていた正室媛姫の父、会津藩主保科正之《ほしなまさゆき》であった。米沢藩の減封の記録『削封日記』には、

「将軍がおっしゃるには、播磨守（上杉綱勝）が亡くなり、実子がない以上はお家断絶とするのが筋である。しかし、肥後守（保科正之）が申すには、吉良上野

▼由井正雪
慶長十年（一六〇五）〜慶安四年（一六五一）。兵学者。慶安四年に浪人を集めて倒幕を企図し、未然に発覚して自決（慶安事件）した。この事件を機に末期養子の禁を緩和した。

▼末期養子制度
江戸時代、嗣子のいない武家が重病危篤になって急に養子を願い出ること。江戸時代初期には、これを認めなかったのでお家断絶となる武家が多く、浪人が大量に発生して社会問題となり、幕府は慶安事件後、この末期養子の禁を緩和した。

介の子三郎を昨年冬に播磨守の養子としており、この三郎を跡継ぎとして認めてくださいと願い出ている。伝統のある家であり、肥後守が奔走してくれたので、十五万石は取り上げ、十五万石として上杉家を存続させると雅楽頭《うたのかみ》（老中酒井雅楽頭忠清）が申し渡された。」

とその顚末が記されている。

吉良上野介の子息三郎は、上杉家への養子が認められ、綱憲として米沢藩第四代の藩主となった。これにより米沢藩は、三十万石のうち、信夫郡・伊達郡十二万石と置賜郡十八万石のうち屋代郷三万石の計十五万石を召し上げとなり、置賜郡だけの十五万石となった。

信達地方は、初めて幕府領となった。

# 第三章 一円支配から分割支配へ

信達地方には、モザイク状に多くの小藩や分領が置かれるようになった。

堀田正虎建立「児塚碑」

# 1 幕領→本多氏支配→幕領→堀田氏支配→幕領→板倉氏支配

上杉氏が十五万石へ半知となり幕領となった信達地方は、外様大名の伊達氏領と上杉氏領への分岐点もあるところから、以後、譜代の小藩や幕領、分領が複雑に置かれる分割支配の地となり、領主は短期間で頻繁に交代した。

## 初めての幕府支配に

近世の信達地方は、伊達氏、蒲生氏、上杉氏と大大名の支配で始まったが、寛文四年（一六六四）に米沢藩が十五万石へと半知になり、信達地方は初めて幕府領となった。これから元禄十五年（一七〇二）に板倉氏が入部するまでの四十年足らずの間に、信達地方は、幕領→福島藩（本多氏）→幕領→福島藩（堀田氏）→幕領→福島藩（板倉氏）とめまぐるしく支配が変わる。

一般に幕藩体制の成立は、十七世紀後半の寛文・延宝期であるといわれるが、信達地方はその時期に幕府領となったこともあり、この時期に近世の支配体制の基盤が整った。

関東郡代伊奈半左衛門忠克《ただかつ》は、寛文四年七月二十六日、子息半十郎忠常を連れ、

福島陣屋に赴任した。福島陣屋の支配地域は信達幕領と称されるが、実際には信夫郡・伊達郡の二郡に加えて宇多郡《うだ》（後相馬郡）玉野村（現福島県相馬市の一部）一村もその支配下に入った。第一期幕領（延宝七年本多氏入部まで）は、伊奈半左衛門（一年）・伊奈半十郎（五年）・国領半兵衛（九年間）の三人の代官の支配となる。

代官領は大名領と違い、極少人数の役人での支配となる。

福島陣屋には代官の下に年貢徴収やその他の行政実務を行う六人の手代と四郡役（信夫郡・伊達郡東根郷・西根郷・小手郷）の五人（東根郷は上郷と下郷に各一人）の役名を割元と変更し、以前の通り郷士として村々を支配させた。割元は、村請けで各村が農民から徴収した年貢諸税を受け取り、手代に渡す任務の他、村内の軽微な裁判権や家をつくるための材木の伐採許可などを行使する権利を持っていた。

幕領となった信達地方の村落支配は、代官－手代－割元－村方三役（名主・組頭・百姓代）－小前百姓という系統で行われた。

## 寛文・延宝の信達総検地

信達幕領第三代代官国領半兵衛は、寛文十一年（一六七一）から足掛け四年かけて信夫郡・伊達郡両郡の検地を行った。信達両郡の検地は、上杉家が半知となる寛文四年にも行われたにもかかわらず、その七年後に再び行われた理由は不明

幕領→本多氏支配→幕領→堀田氏支配→幕領→板倉氏支配

であるが、寛文四年の検地では信達両郡総高二十四万九千八百五十八石余という農民にとって増税に繋がる極めて厳しい検地であったため、実態に合った耕地面積と生産高を把握する必要があったのだろう。推測ではあるが、寛文四年の検地では、洪水や耕作放棄で荒れ地となった元耕地も検地帳に記載されるなど無理な石高の書き上げがあったのではないかと思われる。『川俣郷土史』に「田畑の位上下を通し（田畑の上中下の位付けを見直し）、永荒場を引き取り（元田畑で永荒れ地になった場を無年貢地とし）」とあるのはそのことを示していると思われる。

寛文四年の検地を古高といい、同十一年からの検地を新高という。その両方を記載した資料『信達両郡村々御検地古高新高帳』により、郷別に古高と新高の石高を比較したのが、下の表である。全体を見ると、新高は古高に比べて五万三千四百五十六石余の減石となっている。幕府領となって、田畑の等級や元耕地の荒れ地などを正当に評価した結果であると思われ、逆にいえば米沢藩の執拗な打ち出し策（年貢賦課対象地拡大策）を見ることができる。しかし『川俣郷土史』に「石高は四万石ほど減となったが、年貢量は減少しなかった。それは、年貢率を上げて年貢量は減少しないようにしたからである」とあるように、農民にとっては、田畑の等級を正当に評価され、収量のない荒れ地を年貢地でなくなったことなど実状にあった評価の見直しが行われたことは善政であるが、年貢率が上がり、結局は生活が楽になったわけではなかった。

**信達4郡5郷別古高新高比較表**

| 郡郷名 | 古高 | 新高 | 減石 |
|---|---|---|---|
| 信夫郡 | 10万8174石6升6合 | 8万7426石7斗5升8合 | 2万747石3斗8合 |
| 伊達郡西根郷 | 4万5911石4斗2升3合 | 3万6946石6斗2升 | 8964石8斗3合 |
| 同郡東根下郷 | 2万5740石6升6合 | 2万1482石7斗9升3合 | 4257石2斗7升3合 |
| 同郡東根上郷 | 2万3050石8斗5合 | 1万9210石5斗8升8合 | 3848石2斗1升7合 |
| 同郡小手郷 | 4万6982石8升4合 | 3万1343石3斗9升6合 | 1万5638石6斗8升8合 |
| 合計 | 24万9858石4斗4升4合 | 19万6410石1斗5升5合 | 5万3456石2斗8升9合 |

（『福島市史　第２巻』より作図）

この寛文の総検地の結果の村高が幕末まで年貢賦課の基準となったのである。

次に信夫郡と伊達郡の村数の変化について見てみる。

『文禄三年高目録』では、伊達郡の村数は八六カ村、信夫郡が七一カ村である。今回の寛文の総検地では、伊達郡が一一四カ村、信夫郡が八七カ村であり、約八十年間で、伊達郡で二八カ村、信夫郡で一六カ村が増加している。

そして、この約二百年後の明治二年の『旧高旧領取調帳』によれば、伊達郡は一一三カ村、信夫郡は九三カ村を数え上げている。寛文の総検地と比べると、伊達郡では一カ村減少、信夫郡では六カ村の増加となっている。江戸時代の村の定義は難しく、例えば、A藩のM村がある時その東部がB藩の支配となり、一村が二つの藩の支配になることがある。その時、M村の東部はN村と別な村になることもあり、またM村上組、下組となることもある。この場合N村は明らかに新村であるが、上組、下組を各村としてカウントするかどうかは微妙である。信達地方の場合、分領が置かれてこのような離合集散のケースがしばしば起こっていることを念頭に置いて、村数の変遷を見てみると、江戸時代の始まりから、幕藩体制の確立期といわれる寛文・延宝期までの六十~七十年間に開発された新田が大量にあり、その結果、新たな村が誕生したり、近世の初頭にあった巨大村（『邑鑑』によれば大笹生村は村高二千五百三十八石余、肝煎一〇軒とあり、後に上・下・町大笹生と三村に分割された）が上・下に分村されたり、新たな宿場町を形成するため

幕領→本多氏支配→幕領→堀田氏支配→幕領→板倉氏支配

に新村を創出（笹木野宿を創るため下野寺村を分割して笹木野村が誕生）したりするなど新たな村が続々と誕生したが、寛文・延宝期以後はほぼ村数も固定していった。

## 半石半永制

信達地方の年貢の基本は、半石半永制である。江戸時代、石高制度のもと、本年貢（本途物成）納入の基本は米納であるが、当地方は、蒲生氏支配以来幕末まで一貫して半石半永制である。つまり本年貢の半分は石（米）で納め、残り半分は永（銭）で納める制度である。具体例を挙げれば、高百石の村の場合、免（年貢率）四ツ八分とすると年貢は四十八石となる。この半分の二十四石を米で納め、残り二十四石分は永方つまり銭納となる。

では、米と銭の交換比率はどうだったろうか。七石一両替といわれるが、金一両＝米七石が基本レートであった。江戸時代米と金の換算レートの基本は米一石＝金一両であるから、ずいぶん安価な銭納レートであった。そもそも半石半永制がとられたのは、当地方が中央市場から遠く、また海港に恵まれない内陸部であったため年貢米の売り捌きが困難であること、そして米価が不安定で藩財政を安定化させるためには銭納部分を必要としたことが挙げられる。そして地方では米の需要が少ないため、米の価格を安く設定しなければならなかった。

この本年貢に加えて、年貢徴収等の事務手続きにかかる手数料として、口米《くちまい》（当初本年貢米一石に付三升、幕領以降はこれに加えて代官役料として米一石に付二升）と口永《くちえい》★（永納百文に付銭三文、幕領以降はこれに加えて永納百文に付永二文）があった。

## 本多氏の支配　福島藩の成立

延宝七年（一六七九）六月、本多忠国は大和国郡山十二万石から三万石の加増を得て、陸奥国福島十五万石で入部した。

本多氏は、最も古くから徳川家（松平宗家）に仕えてきた譜代家臣団の一つで、酒井家・井伊家・榊原家とともに将軍家門閥譜代層を形成した一族である。

本多氏には、大きく二つの系統があり、忠勝《ただかつ》・忠政《ただまさ》父子の武功派の系統と正《まさ》

### 本多氏系図

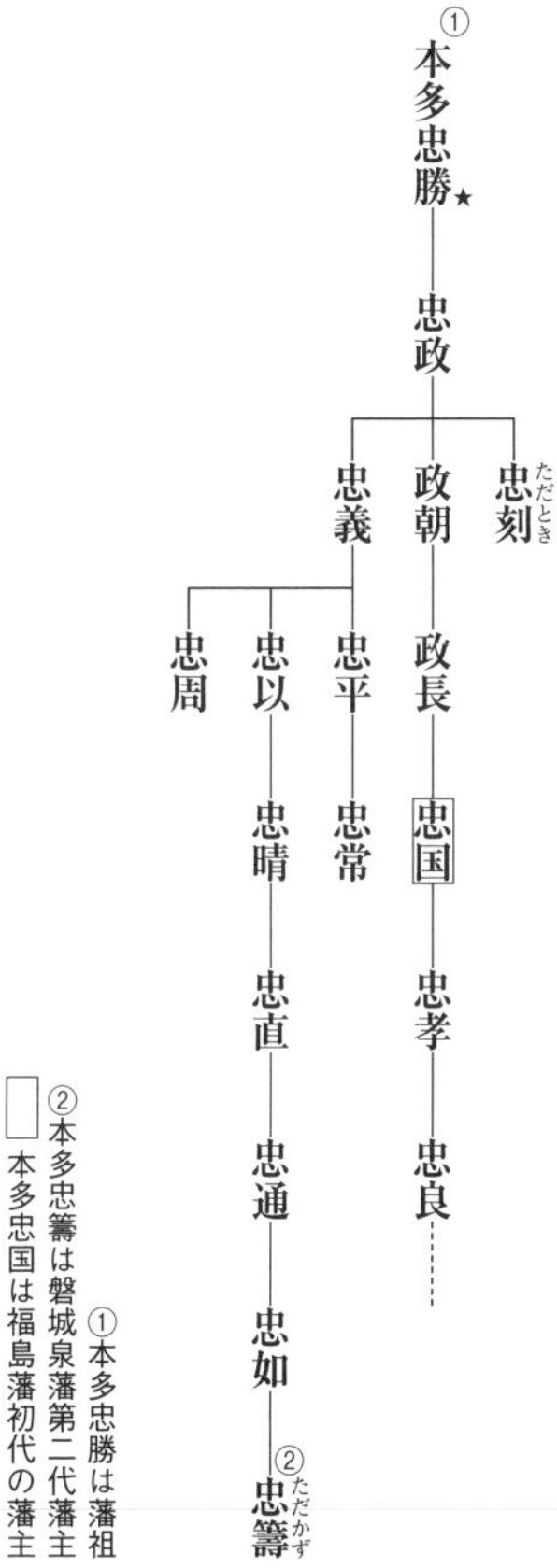


▼口永
金納の貢租に賦課された税。

▼本多忠勝
藩祖といわれる本多平八郎忠勝（天文十七年＝一五四八～慶長十五年＝一六一〇）は、三河一向一揆、姉川の戦い（一五七〇、信長・家康連合軍対浅井・朝倉連合軍）、長篠の戦い（一五七五、信長・家康連合軍対武田勝頼）、小牧・長久手の戦い（一五八四、家康対秀吉）、関ヶ原の戦い（一六〇〇）など一連の合戦に出陣し手柄を立てた。特に本能寺の変の後、家康が無事三河に帰城した時の進言や小牧・長久手の戦いで、わずか三〇〇の兵を率いて数万の秀吉軍と対決しようとした話など武勇伝には事欠かず、酒井忠次・榊原康政・井伊直政等とともに徳川四天王と称された武将である。

信《のぶ》★・正純《まさずみ》父子の吏僚派の系統があり、福島藩主となる忠国は前者の系統である。県内では寛政の改革で老中松平定信を助けた本多忠籌《ただかず》が藩主を務めた磐城の泉藩も同じ系統である。

　福島十五万石の藩主となった本多忠国の支配領域は、信達二郡と宇多郡玉野村で、寛文の総検地によれば、この地の合計石高は十九万六千石であったが、十五万石として拝領した。『信達両郡案内記』によれば、「信達両郡幷玉野村、惣高拾九万六千石余之所、拾五万石込高ニテ御拝領遊ばされ候」とあり、先進地（生産性が高く年貢率の高い）大和から後進地（生産性が低く年貢率の低い）陸奥への転封のため、年貢量を同じくするため〝四万六千石余〟は込高《こみだか》として操作された。こうした配慮は、本多氏が〝名門〟故であろう。

## 西山城移転計画

　福島城は、蒲生氏支配の文禄四年（一五九五）に秀吉の命により破却され、上杉氏時代には城は米沢にあり、伊達氏との戦いのため修築されていたが本格的な城といえるものではなく、幕領時代は陣屋支配であった。

　城のない城下町への家臣団の移住は、問題点が多かった。十五万石の本多氏の家臣団は一〇〇〇人前後もおり、『信達両郡案内記』には「御城これ無く、御家

紙本著色本多忠勝画像
（良玄寺蔵／千葉県立中央博物館大多喜城分館保管）

▼本多正信
領内経営に手腕を発揮し民政に敏腕をふるう。家康・秀忠の信任は篤く、大坂の陣でも功績あり。

中居所これ無く、町方村々在々まで居住なられ候」とあり、一〇〇〇人の家臣団の住む家を臨時に小屋掛け普請して都合を付けなければならない状況であった。また、徳川家草創以来の家臣を自負する本多氏にとって「是まで無城の地に居住致し候義御座なく候」と城持ち大名のプライドの問題でもあった。

そこで転封と同時に老中酒井忠清へ築城許可を求め、「本多家の義、福島へ新城を築き候へば済み候」と新たな城の建設が許可されている。

新しい城の建設については、『信達両郡案内記』には、西根万正寺村西館に新規に城を計画したとある。万正寺村（現桑折町万正寺）西館は、かつて伊達氏の居城であった西山城であり、伊達稙宗《たねむね》が「塵芥集《じんかいしゅう》」を制定したのもこの地であった。本多忠国は江戸から河村瑞軒《かわむらずいけん》を招致し、その建設にあたらせようとしたとある。

福島城が信達地方支配の中心となって八十年余も経ち、近世城下町としての機能も整ってきていた延宝年間（一六七三〜一六八一）に、戦国期の山城への移転が現実的だったかどうかは不明である。確かに、福島城の背後を流れる阿武隈川により浸食されて、本丸が三角形となり、本丸の役割を果たせなくなっていたことはあったが。

本多氏の元家老宅から発見された二つの絵図がある。「奥州福島之図」と「奥州桑折之図」である。前者は本多氏時代の福島城下の絵図で、「大学町（後の柳町）」「田町（後の馬喰町）」など古い地名が書かれており、後者は桑折西山城下計画図と思われる絵図面である。

本多氏は福島入部以来三年足らずの天和二年（一六八二）二月に播磨国（兵庫県）姫路に転封となり、福島での築城は実現しないままとなった。福島城か西山城か決定前に福島を出ることになったのではないかと思われる。

## 市場権の回復

本多氏の支配は三年足らずで終わってしまい、腰を据えての政策実施とはならなかったが、その間に実施した政策の中で最大のものは、支配領域内での市場権の統制である。それまで信達地域の市場、福島・瀬上・八丁目・保原での市の統制権は会津若松の商人司簗田《やなだ》氏が握っていた。

簗田氏は南北朝の頃、葦名氏の会津下向に従い、鎌倉から会津黒川（後の会津若松）に移住したといわれる。以来、商人司として関所通過の際の鑑札発行権、通行荷物への課税権等商業に関する大きな権限を持ち、蒲生氏時代にもその権限は継続され、かつて蒲生氏支配圏であった信達地域でもその権限が残っていた。会津領内では幕末まで商業・商人の統率者として権力を持っていた。

延宝八年（一六八〇）二月、藩奉行名で福島城下八町検断★、市場役人宛に「福島市場庭銭之事」の布令を出した。これによれば、市場役人名は弥五兵衛となっ

▼八町検断
板倉氏支配の福島城下は、南から柳町・荒町・中町・本町・上町・北南町・馬喰町の奥州街道沿いの七町であるが、そのほか新町もあった。柳町は大学町と鍛冶町を併せて改称されたものであり、八町は街道沿いこの八町をいうか、または大学町・荒町・中町・本町・上町・北南町・馬喰町・新町をいうか。
検断は、村でいう名主の役職。

ており、「市役銭支配の儀、金沢弥五兵衛に申し付け候」とあり、総町に関する一切の事務を統轄する町年寄役を代々務める安斎弥五兵衛が簗田氏に代わって福島城下の商人司の役をこの時から務めたことがわかる。

また、この資料から福島城下においては城下八町で交互に市を立て、そこに出店する場合には市場庭銭として、「木綿、古手、小間物、綿布、いさば（魚介類）、塩、鍬、瀬戸物、塗り物、蠟燭、紙類」を商う場合は八文、「栗、柿、梨、煙草、独活、蕨、牛蒡、大根、芋、葱、ささぎ（福島の方言でささげのこと）類」を商う場合は四文を払うこと、ただし、六月十一日より七月十三日までと十一月一日より十二月二十八日までの市については庭銭を十五文とするとある。

このことから、この時期にはまだ市で生糸・蚕種・絹織物類は扱われていないこと、また時期についてはさなぶり（田植え終了後、田の神を送る行事）からお盆までの期間と正月準備の暮れの期間は商売のかき入れ時であり、庭銭が倍以上の十五文になっていることがわかり興味深い。

条文の一つに、「須川口（柳町付近）、仙台口（馬喰町付近）、米沢口（上町・本町の問附近）そのほか在々からの入口付近に町人が出向いて、市場を通さず、庭銭を払わずに商売することは禁止し、横目役人（監視の役人）を派遣して厳重に取り締まる」という項目があり、また「市場庭銭はたとえ親類縁者でも用捨しないように」との項目もある。これらから本多氏が市場の統制権を回復し、市場利益を財政収入に考えていたことがわかる。

福島城下は、十八世紀以降、蚕糸業を中心に商業・金融で発展していくが、その基は本多氏のこの政策によるところが大きいと評価できる。

しかし、天和二年（一六八二）二月、本多氏はその支配わずか三年足らずで播磨国姫路へ転封となった。

## 一円支配から分割支配へ

天和二年（一六八二）、信達地方はすべて幕領となり、代官柘植宗政《むねまさ》の支配下に置かれた。そしてこの年が信達地方の一円支配の最後の年となった。

天和三年八月、徳川御三家の一つ尾張大納言光友《みつとも》の三男松平義昌《よしまさ》が伊達郡梁川を中心に三万石を新たに賜り梁川藩が成立した。

梁川藩の支配領域は、伊達市のうち旧梁川町の梁川・八幡《やわた》・舟生《ふにゅう》・山舟生《やまふにゅう》・白根《しらね》・大門・関波《せきなみ》・新田・二野袋《にのふくろ》・細谷・塚原・柳田・粟野《あわの》の一三カ村、旧保原町の下保原・中村・市柳《いちやなぎ》・上保原・高子《たかこ》・大鳥・高成田《たかなりた》・所沢・富沢・大塚・金原田《かなはらだ》・大立目《おおだちめ》・泉沢《いずみさわ》・柱田《はしらだ》・二井田《にいだ》の一五カ村、旧霊山町の山野川・飯田の二カ村、計三〇カ村であった。

梁川藩の成立により、信達地方は、東根郷の大部分が梁川藩に、東根郷の残りと西根郷、小手郷、信夫郡は幕領と支配が分かれることになった。この後、信達地方は分割が細分化されていき、二度と一円支配に戻ることはなかった。

梁川藩は、義昌—義方《よしかた》—義真《よしざね》と続いたが義真が享保十四年（一七二九）五月十一歳で死去し、跡継ぎがいなかったため廃絶となり梁川藩は収公されたが、三カ月後本家尾張家から当主の五男通春《みちはる》が梁川藩主となり再興した。しかし、翌享保十五年、本家尾張藩主継友《つぐとも》が死去し、継嗣がいなかったことから梁川藩主通春が本家に戻ったため、尾張藩の支藩であった梁川藩は廃止となった。

## 堀田氏の支配

貞享三年（一六八六）七月、出羽国山形の領主堀田《ほった》正仲《まさなか》が十万石で福島城に入った。

堀田氏は元は紀氏《きうじ》で長く尾張国中嶋郡堀田村にあり、南北朝期頃に堀田氏を称したという。堀田正仲の曽祖父正吉は大坂の陣で軍功があり、その子正盛は母（父正吉の妻）が春日局を妻とした稲葉正成の先妻の子（春日局の義理の娘）であり、妻が大老酒井忠勝の養女正統院であったことから幼くして三代将軍家光に仕え、若くして老中となり、寛永十二年（一六三五）に川越三万石の領主となったのを皮切りに、数次の加増があり、信濃国松本十万石、下総国佐倉十二万石の大名へ

春日局模本
（東京国立博物館蔵 Col Base 提供）

堀田氏系図

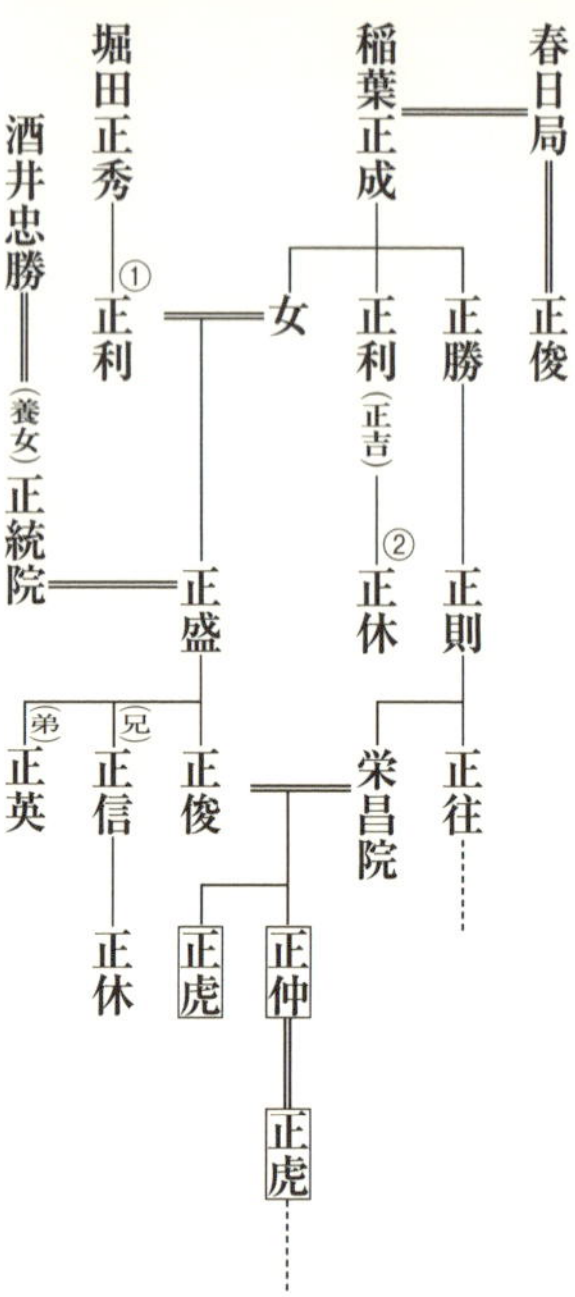


□は福島藩主
①正利：別名正吉。正室の稲葉正成の娘・まんは稲葉正成の継室・春日局の義娘（先妻の子）。
②稲葉正休は江戸城中で堀田正成を刺殺。正俊の祖父は正休の父と兄弟。

と出世したが、慶安四年（一六五一）家光の死去に殉死した。正盛の遺領は嫡子正信が継ぎ、弟正俊（正仲の父）は下総国守谷に一万石を分与され、また将軍家光の命により春日局の養子となったが、寛永二十年春日局の死去により局の所領三千石も継ぎ、後上野国安中に移り、二度の加増があって四万石を領した。延宝七年（一六七九）老中となり、翌年四代将軍家綱が危篤となった時継嗣問題が起こり、正俊の推す家綱の弟綱吉が五代将軍となった。正俊はその功により下総国古河九万石の大名となり、その年末には大老に就任した。正俊の出世はまだ止まず、天和二年（一六八二）にはまた加増があり、その領知は十三万石となったが、貞享元年（一六八四）八月二十八日、江戸城本丸で若年寄稲葉正休《まさやす》によって刺殺された。なお、稲葉正休は、正俊の父正盛の母の兄の子、換言すれば、春日局の

佐倉城址

孫という関係であった。

正俊の遺領のうち十万石を正仲が継いだが、二万石は弟正虎《まさとら》に、一万石は弟俊《とし》季《すえ》に譲った。しかし、父が江戸城本丸内で刺殺されるという事件のせいか、翌貞享二年六月、十万石のまま出羽国山形に転封となり、一年足らずの翌年七月二年連続の移動となる福島十万石への移封を命じられた。

本多氏の福島在任は一代三年間という短命であったが、堀田氏も二代十四年間という短命であった。

正仲には継嗣がなく、弟正虎を養子として二代藩主となった。正虎は正仲と双子の弟であったが、当時は双生児を忌み嫌う慣習があり、正虎は母方の祖父稲葉正則《まさのり》方で七歳まで育てられている。

堀田氏支配の村々は、信夫郡の大部分八六カ村と伊達郡のうち、現福島市東《ひがし》湯野《ゆの》地区（塩《しお》ノ目《め》・板谷内《いたやうち》・増田《ますだ》）、桑折町のうち平沢・牛沢・松原・成田、伊達市のうち長倉・箱崎・伏黒《ふしぐろ》・市柳《いちやなぎ》・石田・山戸田《やまとだ》・掛田・川内・大石・牛坂《うしさか》・瀬成田《せなりた》の各村と宇多郡玉野村の計一九カ村、合計一〇五カ村であった。

## 分割支配の弊害

一円幕領であった信達地方が、梁川藩の成立により幕領と大名領となり、そこ

幕領↓本多氏支配↓幕領↓堀田氏支配↓幕領↓板倉氏支配

にまた堀田氏の福島藩が成立したことにより、信達地方は三つの支配者によって支配されることになった。

このことは村の生活にどのような影響を及ぼしたであろうか。同一支配者の下では問題があまり生じなかった入会地（共同利用地）の権利やその境界をめぐる争い（山論）が多く発生した。

具体的に例を挙げれば、伊達郡の摺上川上流の茂庭・湯野・北原・四箇《しか》村は堀田氏福島藩領にならず、幕領として残った。堀田領となった松原村は、以前は茂庭山に入会山として紙漉の灰汁や薪、家作のための材木や磨り臼、臼作りのための木を取りに入山できたのだが、前年の夏、湯野村から差し止めを申し渡され、訴訟を起こしている。

信夫郡の中心に近い渡利《わたり》村は堀田氏領には入らず幕領として残った村で周囲はすべて堀田氏支配の村である。渡利村の阿武隈川の対岸にある腰浜村は山のない村で、近村七カ村と渡利村に入会地を持っていたが、幕領である渡利村と堀田氏支配の腰浜村の間で入会地紛争が起こっている。

信達地方の分割支配は、十八世紀以降ますます複雑になっていき、そのことによる混乱はますます激しくなっていくが、このことについてはまた稿を改めて論じる。

# 文人大名堀田正仲・正虎は双子大名

江戸時代、信達地方の人気の観光地は文字摺石である。この石に係る源融《みなもとのとおる》と虎女の悲恋伝説がある。陸奥国按察使として赴任してきた源融は、この地の長者の娘虎女と相思相愛の関係になった。しかし源融は都に戻らねばならず、再会を約束して帰京した。再会を待ちわびた虎女はお百度参りの願をかけ、文知摺石を磨き続けた。そして満願の日を迎えた。文知摺石に源融の姿が浮かんだが、精魂尽き果てた虎女は病に伏した。そんな時、源融から和歌が一首届いた。「みちのくの　忍ぶもぢずり　誰ゆゑに　みだれ染めにし　我ならなくに」。虎女はこの歌を読むこともなく、亡くなってしまった。「信夫文知摺」は「恋する心が表に出ないよう耐え忍ぶ散り散りに乱れた心」を表す言葉として古来多くの歌人に読まれてきた歌枕である。

「宝暦十一年（一七六一）四月御巡見様御止宿ニ付諸事控帳（幕府が諸国に派遣した視察の役人を接待するためのマニュアル本）」にも信達を代表する観光地として「信夫郡山口村　文字摺石之事」を挙げ、文知摺石とともに、藩主正虎が建てた「文字摺の石碑」を紹介している。その内容の前に、松尾芭蕉がその著「おくのほそ道」で文知摺石についてどのように叙述しているか見てみよう。

元禄二年（一六八九）三月二十七日に旅立った芭蕉は、五月朔日《ついたち》堀田氏の城下町福島に泊まり、翌二日しのぶもぢ摺石を訪ねた。芭蕉にとってこの旅は歌枕を訪ねる旅で、代々の撰集に文知摺の歌が多く載せられており、期待するところ大であったが、肝心の文知摺石は半ば土に埋もれ、その上地元の子どもたちが来て教えるには、「昔はこの上にあったのだが、歌枕を訪ねてくる人たちが畑を踏み付けて作物を荒らすので、地元の人たちがこの谷に突き落として逆さまに土中に埋もれてしまった」と。

芭蕉は興ざめして一句詠んだ。

「早乙女に　しかた望ん　しのぶ摺

芭蕉は『おくのほそ道』を五年間かけて推敲を重ね、文知摺での句も推敲を重ね、次に「さなへつかむ　手もとやむかし　しのぶ摺」と修正し、最終的に「早苗とる　手もとや昔　しのぶ摺」として『おくのほそ道』に修めている。元禄七年、芭蕉が亡くなる年であった。

その二年後の元禄九年五月中旬、藩主堀田正虎は文知摺石のそばに石碑を建て、こう刻んだ。

「陸奥国信夫郡毛知須利《もちすり》石。その名が何時からそう呼ばれているのかわからない。ただこれから誰もこの石のことを知らないようになることを恐れ、埋もれているこの石を世間の人がわからなくならないように、傍にこの碑を建てる。

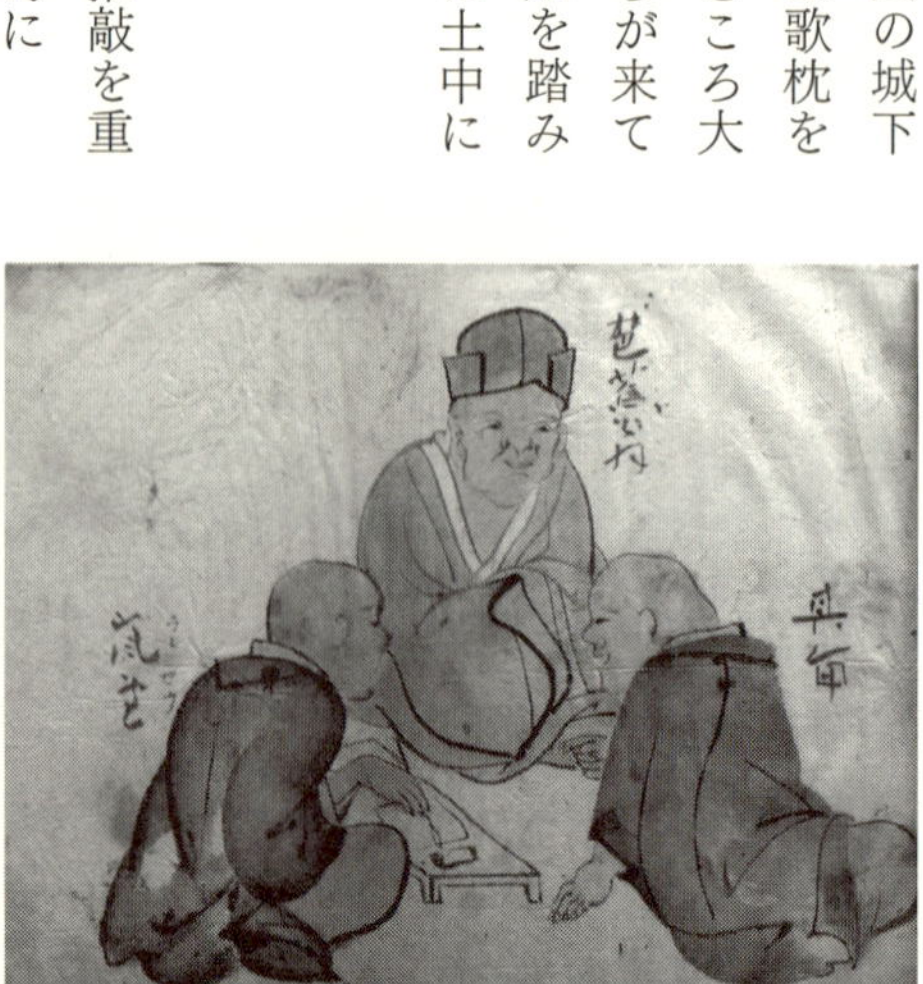

右から其角、芭蕉、乱雪
（加藤候一画／個人蔵）

元禄九年夏五月中旬　福島大守紀正虎」

建碑から六十五年後の宝暦十一年、前に見た「御巡見様御止宿ニ付諸事控帳」にこの碑を紹介しているのである。また『信達一統志』ではこの碑を紹介し、それに続けて堀田正虎を「奥羽の間の賢君なりと人々称せりとぞ」と賞している。

正虎の双子の兄正仲は前藩主で、正虎の義理の父でもあるが、和歌をよくする文人大名である。前藩主正仲は、文知摺石を訪ね、次の歌を詠んでいる。

「はるばると　尋ね来つつ　陸奥の　しのぶの石を　見るぞうれしき」

賢君と称された正虎は、文化財の保護と活用に大きな事蹟を残した。前述の今も残る「文字須利石碑」がその代表だが、市内大平寺の「児塚碑《ちごづか》」の建立も同年の正虎の業績である。

古来児塚と呼ばれる遺跡は、横穴式石室と周溝を持つ後期古墳だが、白菊丸伝説が口承されてきた。

「大平寺村に大慶寺《だいけいじ》という古寺があり、そこに白菊丸という美少年が一人で住んでいました。白菊丸に思いを寄せる男からの手紙が多くあり、毎晩手紙を読んでは心変わりをした男たちへの想いで気も狂わんばかりになっていました。ある晩、鎌倉の建長寺の夢窓国師の弟子の自休蔵司《じきゅうぞうし》という僧が一晩泊めてほしいと大慶寺を訪ねてきました。その晩遅く、僧は物音に気付き白菊丸の部屋を覗くと、中で白菊丸は箱から手紙を取り出し読み始めましたが、見る見るうちに容貌が異形に変わり、苦しそうに口からは黒い息を吐いていました。しかし、一夜明けるとまた元の姿に戻っており、不審に思った僧はその訳を尋ねました。理由を聞いた僧は、箱の中の手紙を焼き捨て、一つの経文を授け、これを日夜《にちや》唱えれば苦しみから解き放されるであろうと言い、寺を出ました。白菊丸は教えられた通り日夜経を唱えると、毎晩の苦しみから解放され、やがて、御礼を言うために鎌倉に上り建長寺《けんちょうじ》を訪ね、門番に自休蔵司のことを聞いたところ、門番はいじわるをして、その僧なら先日亡くなったと嘘の応えをしてしまいました。はるばる訪ねて来た白菊丸は嘆き悲しみ、二首の歌を遺してそのまま江の島の岩の上から飛び降りてしまいました。その場所は江の島南西海岸にあり、稚児ヶ淵と名付けられています。

白菊と　信夫の里の　人問はば　思ひ入江の　ふちと答えよ

白菊は　秋ふる霜に　からされて　さて懐かしき　春の若草

寺に戻った自休禅師は驚き、白菊の骨を丁寧に故郷に戻し、埋葬しました。大平寺字児子塚に残る「児《ちご》塚」がその白菊丸の墓だといわれている」

なお、鶴屋南北の名作「桜姫東文章《さくらひめあずまぶんしょう》」の冒頭「江の島稚児ヶ淵の場」は鎌倉長谷寺の若い僧自久坊《じきゅうぼう》と稚児白菊丸の心中の場面から始まる。この作品の初演は文化十四年（一八一七）であり、堀田正虎が「児塚碑」を建てたのは元禄九年であるから、江戸時代の早い時期から白菊丸の話は流布していたことになる。

「桜姫東文章」（東京都立中央図書館蔵）

太平寺字小児塚の上に残る「児塚碑」には次のように刻まれている。

「稚児の名を白菊といい、信夫郡の此の地で生まれた。自ら二首の歌を詠み、相模国江ノ島の海に身を投げた。夢窓国師の弟子自（慈）休蔵司が稚児の死を悼み詩を賦した。元禄九年夏五月上旬この碑を建てる　福島太守紀正虎が表す」

福島市指定有形民俗文化財に「福島藩主歴代奉納絵馬」がある。全部で二八点が指定されているが、その最古のものが元禄八年に堀田正虎が福島稲荷神社に奉納した絵馬「御能の図」である。ただし、寛延三年（一七五〇）に羽黒山大権現が焼失したために現存はしていないが、別当寺真浄院《しんじょういん》が福島藩代官に提出した焼失届によると、初代藩主堀田正仲が絵馬「御能ノ躰」を、二代正虎が絵馬「繋馬」を奉納している。

堀田正虎は、元禄十三年に再び山形に転封になり、その支配管内は三度目の幕領となったが、同年一月桑折藩（奥平松平氏、二万石、白河新田藩が転封）が成立し、信達地方は梁川藩三万石、桑折藩二万石、そして幕領と分割支配は依然続いた。

これも福島

# 天文の乱と松川の合戦 二つの〝竹に雀〟の家紋の縁《えにし》

越後国守護上杉定実は継嗣がなかったので、陸奥国伊達郡西山城主伊達稙宗の三男時宗丸（後の実元）を養子にしたいと申し出た。稙宗は再三これを辞退したが結局承諾した。そして天文十一年（一五四二）、越後から迎えの使者が西山城に到着し、定実は上杉重代の腰刀宇佐見長光と家紋〝竹に雀〟を贈り、時宗丸に自分の名の一字〝実〟を贈り実元と名乗らせた。

上杉家家紋

伊達家家紋

そもそも〝竹に雀〟の紋は、藤原氏の流れをくむ勧修寺家（公家）のものであるが、上杉家の祖が勧修寺重房であるところから上杉家の家紋も〝竹に雀〟であり、時宗丸の養子縁組（結局破談になり、実元は政宗の南下政策の拠点大森城城代となる）により伊達家もまた〝竹に雀〟となったのである。

話をもとに戻す。

伊達家と上杉家の養子縁組事件は両家に大きな禍をもたらす。伊達家では、最上・相馬・田村・芦名・二階堂等婚姻を通じて関係を深めた稙宗派と従来の伊達家の家臣が支持する晴宗（稙宗の子）派が対立し、晴宗が英明有能な時宗丸がいなくなることを危ぶみ、この婚姻に反対し、それがきっかけとなって伊達家は6年間奥羽の大半を巻き込んだ天文の乱が続くことになった。

一方上杉家でも越後守護代長尾景虎（後の上杉謙信）がこの婚姻を勧めた兄晴景に反対し、長尾一族内でも争乱を引き起こした。景虎は対立していた兄晴景の跡を継ぐ形で春日山城に入り、関東管領上杉憲政を援け、次第に戦国大名としての地位を固め、関東管領山内上杉氏を継ぐことになる。

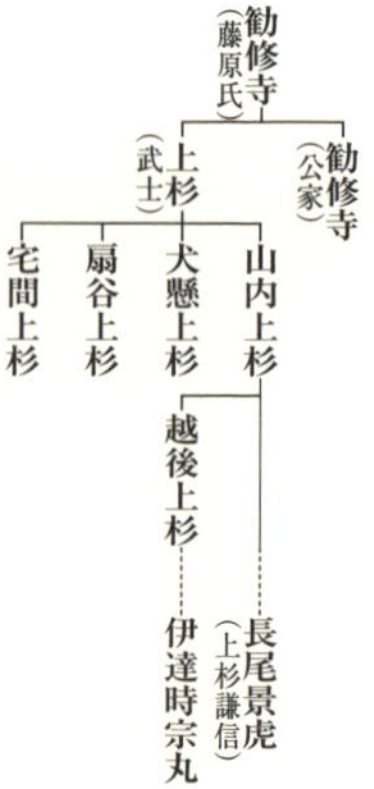


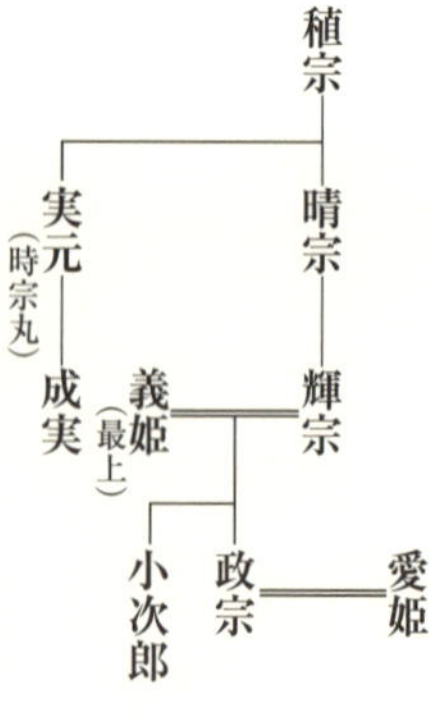


このように〝竹に雀〟の家紋は、数奇な運命をたどりながら戦国大名上杉家と伊達家の家紋となり、もう一つの関ヶ原の戦いといわれる松川の合戦は〝竹に雀〟同士の合戦になったのは歴史の巡り合わせであった。

# 第四章　福島藩板倉三万石の成立

城下町福島は明治維新まで譜代大名板倉氏が十二代約百七十年間支配した。

板倉勝重公（板倉神社蔵）

# 1 板倉氏の出自と歴代藩主

上野国に出自を持つ板倉氏は頼重の時に三河国へ移り、その孫勝重（太祖）は家康に仕え、嫡子重宗は京都所司代として活躍。次子重昌（藩祖）は、方広寺鐘銘事件で活躍、その子重矩は島原の乱で活躍した。重矩の孫重寛の時、信濃国坂木から福島へ三万石で入部した。

## 板倉家由緒

元禄十五年（一七〇二）十二月、板倉重寛《いたくらしげひろ》は、信濃国坂木《さかき》（現長野県埴科郡坂城町）から福島三万石への転封を命じられた。三万石の内訳は、陸奥国信夫郡・伊達郡（信達地方）に併せて三一カ村、高二万六千六百一石余、上総国山辺郡に三カ村、高二千九百二十八石余、三河国幡豆《はず》郡に一カ村（貝吹村）、高四百六十九石余である。寛政年間（一七八九〜一八〇一）に信達の一万石分を板倉氏の故里三河国に高替わりとなる変遷があったが、板倉氏福島藩は、奥州戊辰戦争後明治二年（一八六九）正月、信夫郡の領地一万六千五百九十六余石が上知（没収）となり、岩代国大沼郡（現福島県大沼郡）を下賜されるまで、百七十年近く続いた。

では、板倉家とはどのような一族であろうか。

「寛政重修諸家譜」で板倉氏をひくと、最初に「清和源氏　義家流　足利支流」とある。また「板倉家由緒」によれば「板倉　姓源氏　渋川《しぶかわ》氏也」とまずある。そして「六代義顕渋川次郎、板倉祖也」とあり、続けて「はじめ板倉二郎と称し、のち渋川と改め、これより数代称号とし、八右衛門頼重が時、また板倉を名乗り、頼重三代伊賀守勝重はじめ渋川氏を称すといえども、のち板倉にあらため、子孫代々家号とす」とある。これらの資料をまとめると、板倉氏は、清和源氏―源義家の流れをくみ、足利家から分かれて渋川氏、又は板倉氏を称した一族である。その由来も上野国群馬郡渋川荘によるといわれ、また同じく上野国の板倉郷を領したため板倉氏を名乗るようになったという。板倉の地は二千石あり、そこは川が流れ常に左から浪が打ち寄せており、それで代々家紋を「左巴」にし

**板倉氏系図**

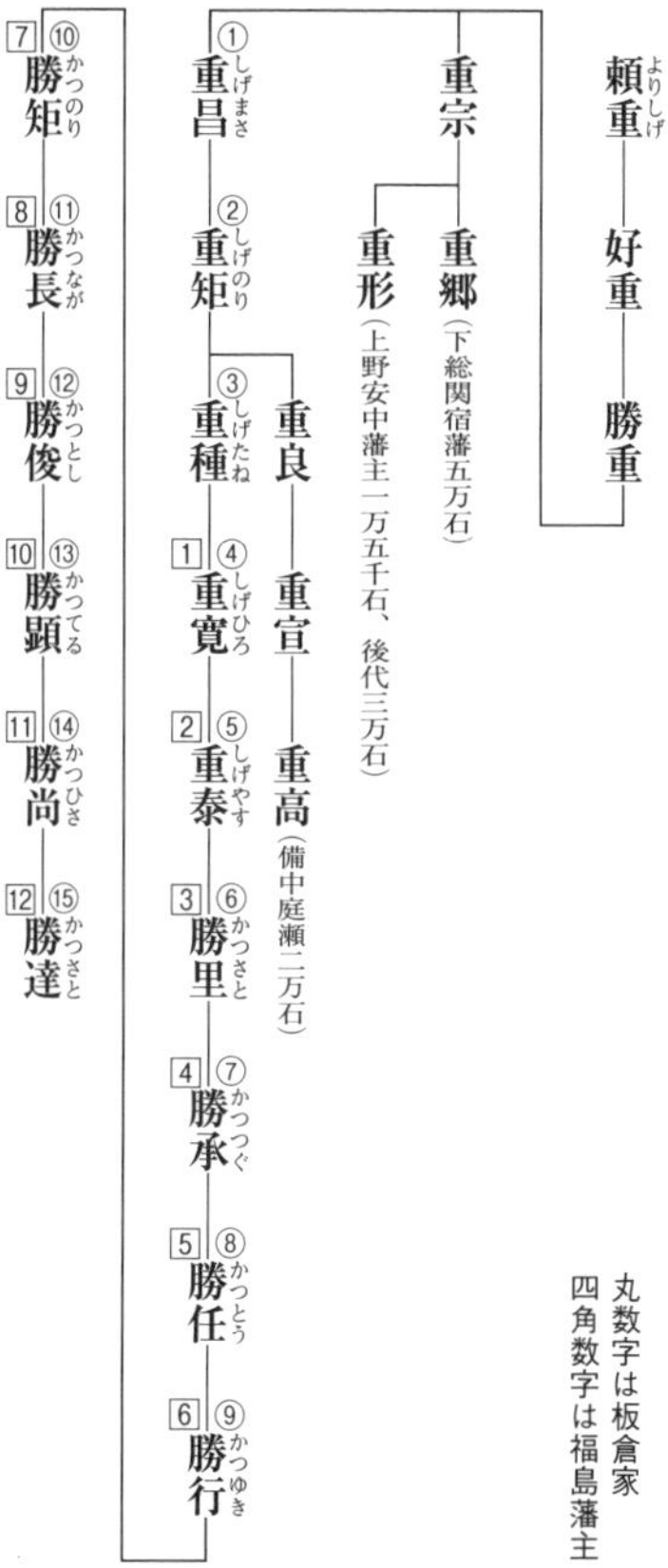

たと伝える。

幕末に勤王を唱えて維新政府に謝罪・降伏を勧めた渋川教之助が板倉家を継ぎ板倉勝達《かつさと》《みち》として第十二代最後の藩主となるのは、こうした渋川家と板倉家の関係によるものである。

## 太祖勝重

板倉氏は頼重《よりしげ》の時、深溝松平好景《よしかげ》に仕え、三河国額田郡《ぬかたぐん》に居住するようになった。頼重の孫勝重は、板倉氏の太祖といわれる。勝重は幼くして出家し、三河国碧海《へきかい》郡中島村（愛知県岡崎市）の永安寺《えいあんじ》の住持となっていたが、天正年間（一五七三～一五九二）の初め、板倉家の跡継ぎがいなくなった時、板倉家の断絶を惜しんだ徳川家康が勝重に還俗を命じ、初め渋川甚平を名乗り二百五十石を賜り、その後板倉四郎左衛門として五百石取となった。勝重は慶長初年に中島村の永安寺を長圓寺と改め、寛永七年（一六三〇）に勝重の七回忌追善のため、長圓寺を中島村から貝吹村に移した。元禄十五年（一七〇二）の福島入部の時、三河国に貝吹村一カ村だけ板倉氏の分領となったのは、そこが板倉氏の菩提寺のある村であったからである。菩提寺のある村一カ村が分領と認められたことは、小藩ではあるが板倉氏が徳川譜代大名として重きを置かれていた証左でもある。

板倉勝重画像（板倉神社蔵）

# 藩祖重昌

勝重の嫡子重宗《しげむね》は父の跡を継いで京都所司代となり、下総関宿五万石を領した。三男重昌は天正十六年（一五八八）駿府で生まれた。慶長十年（一六〇五）従五位下内膳正に叙任。慶長十九年方広寺鐘銘事件★（大坂の陣のきっかけとなる事件）では家康の命により京都に赴き、五山僧と謀り、鐘銘の難を書き上げて家康に上表した。これがもとで起こった大坂の陣で、冬の陣の後大坂城に赴き豊臣秀頼から誓詞を受け、その血判を確認、秀頼方からこの誓詞の宛名を東照宮（家康）にすべきか台徳院（秀忠）にすべきか問われ、とっさに「東照宮の御名をしるしたまふべし」と返答、家康がこの誓詞の宛名を見て非常に喜んだという。元和三年（一六一七）家康の霊柩を久能山から日光に遷す際に供奉し、同六年、東福門院（秀忠の娘和子）の入内の際にも供奉を務めるなど幕府内での信頼があつかった。

寛永元年（一六二四）、父勝重の遺領三河国額田郡・幡豆郡・碧海郡の六千六百十石をはじめ、上総国山辺・埴生《はぶ》郡、下総国葛飾郡など併せて一万千八百六十一石の大名となり、額田郡深溝《ふこうず》村に陣屋を構えた。重昌の時代、さらに加増があり、最終的に一万五千石を領するようになった。

寛永十四年十一月、島原の乱★が起こり、一揆勢鎮圧の総大将として原城総攻撃

板倉重昌画像（板倉神社蔵）

▼方広寺鐘銘事件
方広寺は秀吉が創建。慶長十九年（一六一四年）秀頼により梵鐘が鋳造され、鐘銘に「国家安康」「君臣豊楽」とあったのを家康から、家康を分断し、豊臣が繁栄する意と責められ、大坂の役の口実となった。

▼島原の乱
寛永十四年（一六三七）～寛永十五年に九州島原半島と天草島の農民がキリシタン信者と結合して起こした一揆。天草四郎を大将に三万八〇〇〇人余の農民が原城に籠った。

に出陣。原城出丸塀際において討ち死にをした。享年五十一歳であった。その亡骸は三河国幡豆郡貝吹村長圓寺に葬られ、長圓寺は板倉家の菩提寺として代々葬地となった。

## 代々藩主、福島入封まで

重昌の子重矩《しげのり》は、島原の乱鎮圧軍に従軍し、寛永十五年（一六三八）二月二十八日、父の弔い合戦と、進んで柵を破り、鎗を携え戦功を挙げたが、帰陣の命に背いての突入が家光の逆鱗に触れ、閉門となった。しかし、同年十二月晦日に赦され、翌寛永十六年父の遺領のうち一万石を継ぎ（五千石は弟重直に分与）、居所を三河国碧海郡中嶋村に移した。

万治三年（一六六〇）十二月、島原の乱で戦死した父重昌の功が再度認められ、一万石の加増があり、大坂定番《じょうばん》（城番、大坂城に在勤し、京橋口、玉造口の警備にあたる）を命じられた。この後、板倉氏はしばしば大坂加番（大坂定番の加勢）を命じられることになる。

重矩は三代将軍家光に重用され、寛文五年（一六六五）には老中職となり、従四位下に叙せられた。翌六年には武蔵国、上野国、相模国に二万石を加増され、四万石の大名となった。同八年には京都所司代となり二年ほど京都で職を過ごし

徳川家光画像
（東京大学史料編纂所蔵模本）

た。同十年江戸に戻り、十一月老中職に復した。同十一年再び一万石の加増があって五万石となり、同十二年、父重昌の忠功、重矩の島原の乱での戦功、京都所司代、老中としての勤労などが評価され、下野国烏山《しもつけのくにからすやま》五万石城主となった。

重矩の嫡子重良は病弱のため寛文年中に嫡を廃せられ、次子重澄は万治元年に二十歳で死去、叔父板倉重直の養子となっていた三男重種《しげたね》が実家に戻り、延宝元年（一六七三）重矩の跡を継いだ。延宝五年奏者番《そうじゃばん》（幕府の行事の時、将軍に拝謁する大名・旗本の姓名の奏上、進物の披露、将軍からの下賜物の伝達等をする役職）となり、寺社奉行を兼務し、同八年には老中となり、内膳正《ないぜんのかみ》となった。同年西ノ丸の老中をも兼務した。

天和元年（一六八一）、一万石を加増され、烏山城主から武蔵国岩槻《いわつき》城主となった。しかし、「寛政重修諸家譜」によれば、同年十一月末、「故ありて」西ノ丸老中職を免職となり、逼塞を命じられた。この「故」とは何だったのだろうか。『板倉家密書』によれば、病弱のため嫡子を廃された重良の妻盛久院《せいきゅういん》が我が子重《しげ》宣《のぶ》に跡を継がそうと画策した相続争いが原因と書かれている。そして同二年二月、一万石の減封となり、烏山城主から信濃国埴科郡坂木での蟄居を命じられ、重種は領知返上を願い出たが、板倉家のこれまでの働きを認められ、継嗣重寛《しげひろ》に三万石、重種の甥重宣に二万石を分知するよう命じられた。

こうして、重矩の時、一時は岩槻城主六万石の大名であった板倉家は、信州板

大坂城

木三万石、城持ち大名から無城の大名へと短期間の中で移り変わっていった。

## 板倉福島藩の成立、初代藩主重寛

板倉重寛は元禄十五年（一七〇二）十二月、陸奥国信夫郡福島への転封を命じられた。城地のなかった坂木から、天守はなかったが城地のある大名への転封は、石高は三万石のまま据置ではあるが、「連々城を築くべき旨」の仰せのあった転封は、名誉の回復になるものであった。

重寛の福島への初入部は、二年後の宝永元年（一七〇四）八月であった。同月七日、江戸を出立、初めは板橋街道を通り、鴻巣《こうのす》で泊まり、以下宿泊地のみを記すと、佐野（八日）－宇都宮（九日）－（ここから奥州街道を北上）－喜連川《きつれがわ》（十日）－芦野《あしの》（十一日）－須賀川《すかがわ》（十二日）－八丁目《はっちょうめ》（十三日）との旅程を経て、十四日福島城に到着した。七泊八日の行程であった。八丁目（福島市松川町）は信夫郡の最南端の宿場町で、二本松藩の安達郡との境にあり、ここから福島城下は指呼の間であるが、ここで陣容を整え、威儀を正して城下入りをすることにしたのであろう。

元禄十五年に重寛に与えられた領地は、大きく三カ所に分散していた。

第一に本領の陸奥国信夫郡・伊達郡である。その内訳は

信夫郡のうち二三カ村（福島・曽根田・腰浜・小山荒井・森合・大平寺・方木田・八木田・郷野目・鳥谷野・黒岩・伏拝・大蔵寺・岡部・山口・小倉寺・渡利・同新田・金沢・田沢・町大笹生・五十辺・御山と永井川村の一部）、高一万九千四百九十四石二斗一升六合伊達郡のうち八カ村（大波・同新田・下郡・同新田・湯野・塩野目・板谷内・平沢・成田・増田）、高七千百七石三斗三合

第二に藩祖重昌が拝領した上総国山辺郡のうち三カ村（辺田方・田間・二又）高二千九百二十八石九斗八升

ここには将軍が鷹狩りをする際に休む東金《とうがね》御殿があり、江戸時代を通じて板倉家の領地であった。東金分領と呼ばれた。現、千葉県東金市。

第三に三河国幡豆《はず》郡のうち、貝吹村、高四百六十九石五斗一合

ここは板倉氏の菩提寺長圓寺があった。板倉氏の故里である。現在は愛知県西尾市に所在する。

都合三万石であった。

## 家臣団の構成

福島藩の役所としては、城地福島に政庁があり、江戸藩邸、分領の東金と三河貝吹村（寛政期以降は重原）に陣屋を置いた。

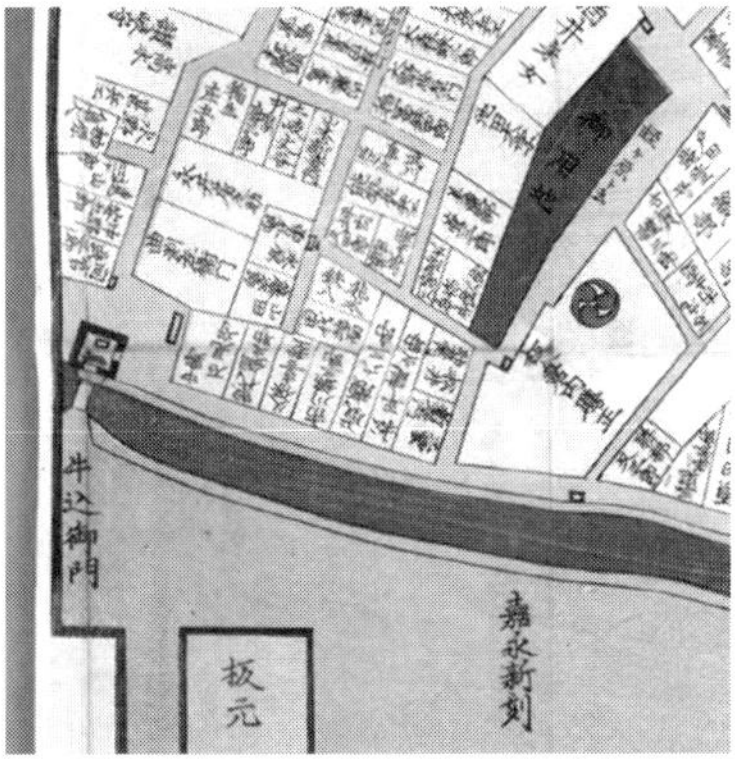

「御江戸番町絵図」（国立国会図書館蔵）

家臣団を統制するのは、坂木から福島への移転の際に福島城受け取り役をも務めた松原仲昌《なかまさ》の松原家が城代としてその役を務め、その下に年寄役（家老）が複数並んだ。松原家は城内に屋敷を持つが、城下の御山《おやま》口にも下屋敷を持っており、家禄も他家に抜きんでている。なお、松原家当主は年寄役を兼務している。

藩士の構成がわかる資料は幕末の慶応四年（一八六八）正月改めの「福島藩役員録」で、これによると、年寄役（家老）は松原作右衛門朝昌《ともまさ》（四百石）を筆頭に、斎藤十太夫（二百三十石）、池田権左衛門（二百石、内五十石役高）、加藤佐太夫（百八十石）、板倉銃之助（二百石、無役）、渋川教之助（二百石）、馬淵清助（百石、年寄役格留守居役）の六家があり、幕末資料によれば月番制をとり、慶応四年の戊辰戦争時には、斎藤十太夫が責任者として務めていた。

年寄の下に御用人（幕末には近習頭）－郡代－物頭（代官）－取次役－徒士頭－目付役という構成であった。

慶応四年時の家臣数は、徒士格以上の家臣は二三八人で、無格小役人が一三〇人おり、この他、仲間、掃除番、厩仲間、下台所定番等およそ三〇人、三河出人足軽二〇人、江戸抱えの草履取り、三河重原陣屋足軽、上総東金陣屋足軽・門番等二〇人ほどがおり、それらを含めた家臣は総計四五〇人ほどであった。

城下町の町人を支配する町役人は、本多忠国の時に福島城下の市役銭の支配を任された上町の金沢弥五兵衛が町年寄を代々世襲した。町年寄は、総町に関する

元禄８年堀田正虎奉納絵馬「御能の図」（福島稲荷神社蔵）

一切の事務を総轄し、内役所に詰めた。

その下に本陣と脇本陣がおり、本陣は本町の黒沢六郎兵衛が、脇本陣は本町の寺島九郎左衛門と上町の安斎一郎右衛門が務めた。寺島家は問屋場も兼ねていた。柳町から馬喰町まで各町には検断（町名主）が一人ずつ置かれ、町内会長的役割を果たした。検断の下に組頭がいて、五人組の筆頭者である軒頭が五人組をまとめた。

## 歴代藩主奉納絵馬

福島稲荷神社境内に絵馬殿が建っている。元禄五年（一六九二）の棟札が残っており、大工高橋次郎左衛門が八〇〇人を差配して建立したことが書かれている。それには「御守護　堀田下総守紀氏正仲公」とあり、堀田氏福島藩初代藩主正仲が建立したことがわかる。福島市内に残る最古の木造建造物の一つである。その絵馬殿に現存する絵馬の中で最古のものは二代藩主堀田正虎が奉納した「御能之図」である。絵馬殿を建立した正仲も当然絵馬を奉納したと思われるが、現存しないのは残念である。なお、信夫山羽黒大権現（明治初年の神仏分離令により羽黒山神社と改名）が火災により焼失した時に福島代官に提出した報告書の中に、焼失品として「一、御画（絵）馬　壱枚　画御能ノ躰　右紀正仲様、一、同　壱枚

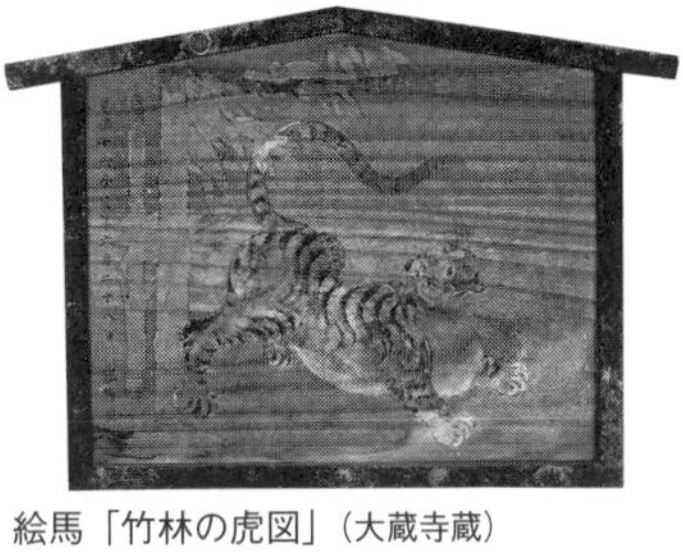
絵馬「竹林の虎図」（大蔵寺蔵）

絵馬馬図（大蔵寺蔵）

画繋馬　右紀正虎様」とあり、羽黒神社へ正仲、正虎両藩主が絵馬を奉納したことがわかることからも正仲が稲荷神社絵馬殿へ絵馬を奉納したことは間違いないと思われる。

こうした絵馬を神社・仏閣へ奉納する風習は次の板倉氏時代になっても続いた。

板倉氏福島藩主では、在任期間の短かった二代重泰《しげやす》（享保二年（一七一七）八月〜同三年閏十月）、五代勝任《かつとう》（明和二年（一七六五）五月〜同三年七月）、六代勝行《かつゆき》（明和三年八月〜安永二年（一七七三）八月）、十一代勝尚（慶応二年（一八六六）〜明治元年（一八六八）十二月、後に勝己と改名）を除く藩主が奉納している。

現存する絵馬は、堀田正虎の「御能之図」（福島稲荷神社蔵）を含め二八枚あり、福島市の有形民俗文化財に指定されている。

歴代藩主が絵馬を奉納した寺社は、福島藩にとってどのような意味のある存在だったのだろうか。

板倉神社は、その前身は城内本丸にあった藩祖板倉重昌の霊を祀る御霊神社である。御霊神社は、寛政四年（一七

## 福島藩主歴代奉納絵馬一覧

| | 板倉勝里 | 板倉勝承 | 板倉勝矩 | 板倉勝長 | | 板倉勝俊 | 板倉勝顕 |
|---|---|---|---|---|---|---|---|
| | 享保16年 | 宝暦５年 | 安永４年 | 天明３年 | 寛政５年 | 文化14年 | 天保８年 |
| | 1731 | 1755 | 1775 | 1783 | 1793 | 1817 | 1837 |
| | 松に梅花図 | 馬図 | 鷹図 | 鯉に乗る仙人図 | 唐獅子図 | 旭日双鶴図 | 競べ馬図 |
| | 放ち駒図 | 鶴仙人図 | 樹下放ち駒図 | | | | |
| | 竹林の虎図 | 馬図 | 瑞鳥図 | | | | |
| | 唐獅子の図 | 松に梅図 | 濤に亀図 | 岩礁の鷹図 | | 関羽図 | 農人太陽を拝する図 |
| | | 松に鷹図 | 白馬黒馬図 | 極日鷹図 | 松に双鶴図 | | |
| | | | | | 二人童子の酒盛りの図 | | 静御前図 |

九二）に江戸藩邸に勧請し、文化二年（一八〇五）に福島城本丸へ遷宮した。維新後福島藩が三河重原《しげはら》へ移ることになった際、御霊神社を重原の野田村に移した。その後旧城内にあった社殿の存在が危うくなり、明治十五年福島城跡の紅葉山《もみじやま》に三河から分霊して社殿を新しく建てた。

以上のような板倉神社の歴史を振り返ってみると、現存する藩主奉納絵馬は当初から板倉神社に奉納されたわけではない。二枚のうち、一枚は寛政四年に江戸藩邸に御霊神社が勧請された際、八代藩主勝長が江戸御霊神社に奉納した可能性が高い。もう一枚は天保八年（一八三七）に十代藩主勝顕が奉納した「静御前」である。天保八年は藩祖重昌の二百回忌（重昌の没年は寛永十五年（一六三八））にあたる年であり、藩祖を祀る福島城内御霊神社に奉納されたものと思われる。しかし、明治二年の重原転封から明治十五年までの間はどこに保管されていたかは今後の研究を待つことになる。歴代藩主の奉納絵馬の項で奉納先を「板倉神社」と記したが、奉納時にはまだ板倉神社は存在せず、ここに述べた経緯からわかるように、明治になって板倉神社で保管するようになったのであろう。

福島稲荷神社★は福島城下の総鎮守で、秋の祭礼には、当番の町内は城に入ることを許された神社である（詳しくは稲荷神社の祭礼の項を参照）。

| 藩　主 | 堀田正虎 | 板倉重寛 |
|---|---|---|
| 和　暦 | 元禄８年 | 宝永２年 |
| 西　暦 | 1695 | 1705 |
| 黒沼神社 | | |
| 文知摺観音 | | |
| 大蔵寺小倉寺観音堂 | | 藤下三頭馬図 |
| 万願寺虚空蔵堂 | | 滝に虎図 |
| 福島稲荷神社 | 御能之図 | |
| 板倉神社 | | |

福島稲荷神社正面鳥居

大蔵寺★は、本尊千手観音立像が国の重要文化財に指定されている平安仏で、その外にも三〇軀近い平安時代の仏像を蔵する古刹で、信達三十三観音札所の第一番に位置付けられている。

文知摺観音★は、その第二番札所で、文知摺石は河原左大臣と虎女の悲恋の伝説を持ち、古来多くの歌人が歌に詠み、その歌枕を訪ねて元禄二年（一六八九）には芭蕉が訪れ、『おくのほそ道』に「早苗とる　手もとや昔　しのぶ摺」の句を詠んでおり、江戸時代信達地方で最大の観光スポットであった。堀田正虎がその石を後世に伝えるために石碑を建てたほどである。

黒沼神社★は、延喜式内社の信夫五座の一つである。ただし、堀田正仲が絵馬を奉納したのは羽黒山大権現《はぐろさんだいごんげん》（羽黒山神社）で、江戸時代には黒沼大明神《くろぬまだいみょうじん》（黒沼神社）の上に位置しており、歴代藩主が奉納した先は羽黒山大権現で、明治維新時の神仏分離によって羽黒山神社は黒沼神社の境外摂社に位置付けられたため、絵馬も黒沼神社に移されたと考えるのがよいと思われる。

満願寺《まんがんじ》★は、虚空蔵様《こくうぞうさま》の愛称で市民に親しまれており、最近まで、十三参り（十三歳の春に虚空蔵尊にお参りして知恵と福徳を授かる行事）には近郷近在から多くの人々が虚空蔵様にお参りしていた。もともと密教系の寺院であったが、上杉氏の強い要望で臨済宗になったと思われる。古河善兵衛が西根堰開鑿にあたって、満願寺に工事の成就を祈願したように上杉氏との繋がりは強かった。堀田正仲は

**▼福島稲荷神社**
福島城下の産土神社であるが、腰浜村に立地。旧郷社。神社縁起によれば、陰陽師安倍晴明が奥州下向の折、この地を気に入り豊受比売命を勧請したという。城下の総鎮守として、秋祭りは藩政時代から今も町を挙げて行われている。

**▼大蔵寺**
臨済宗妙心寺派、山号は宝城山。市内小倉寺に立地。国重文の木造千手観音立像は像高約四メートルのカヤの一木造。その他、県指定重文の平安仏像が二十八軀ある信達の名刹である。

**▼文知摺観音**
河原左大臣の歌で有名な文知摺石は、江戸時代以来信達最大の観光スポット。歌枕を訪ねて芭蕉が訪れ、明治期には正岡子規もここで「涼しさの　昔を語れ　しのぶ摺」の句を詠んだ。文知摺観音は信達三十三観音札所の第二番。

「西行法師陶像」を寄進している。また「阿武隈川舟運図」もその描かれ初めは、福島河岸を遡り満願寺から描かれている。福島藩にとっては特別な位置にあった寺院である。

板倉神社は別枠として、黒沼神社（羽黒山神社とセットで）・文知摺観音（現在は普門院が管理）・大蔵寺・満願寺・福島稲荷神社は近世以来、福島城下にとって、また福島市民にとってもいろいろな意味で大切にしてきた寺社であり、歴代藩主の絵馬奉納はそのことを示すものであった。

**▼黒沼神社**

もともとは黒沼大明神。伝説では、宣化天皇の娘で欽明天皇の后石姫が長男淳中太命と謀反を企てて失敗し、下向して当地で倒れた。それを憐れみた崇峻天皇が淳中太命を羽黒山大権現、石姫を黒沼大明神と祀ったことに始まるという。羽黒山大権現（神仏分離により羽黒神社となる）と黒沼大明神は息子と母の関係といわれるが、神仏分離により羽黒神社は黒沼神社の境外摂社となった。

**▼満願寺**

臨済宗妙心寺派。山号は黒巌山。福島市黒岩に立地。上杉氏以来歴代藩主が篤く尊崇し宝物を寄進。板倉氏が奉納した絵馬も七枚現存する。梵鐘（いぼなしの鐘）は国の重要美術品。当寺は黒岩虚空蔵様と呼ばれ、特に十三詣りでは近在近郷から大勢の参拝客で賑わい、ご利益を願って触るなで牛は黒光りしている。阿武隈川の断崖絶壁の上に立地し、福島市の史跡及び名勝に指定されている。

# ②城下町福島の賑わい

福島は板倉氏三万石の城下町で、柳町・荒町・中町・本町・上町・北南町・馬喰町と七つの町が奥州街道沿いに発達した。蚕糸業が発達した信達地方へ生糸や蚕種紙を買いに来る商人たちで、三万石の小藩の城下町とは思えぬ賑わいをみせた。

## 福島城と城下町づくり

**福島城**

信達地方は、北に伊達氏仙台藩六十二万石、北西に上杉氏米沢藩十五万石、南に丹羽氏二本松藩十万七百石、東に相馬氏中村藩六万石といずれも外様大名領に接し、しかも奥州街道と米沢街道・羽州街道の分岐点が位置する陸上交通の要衝という政治的・軍事的に重要な地点であった。

板倉氏は、入部以来そうしたことを念頭に福島城と城下町の整備に務めた。阿武隈川の流れが福島城の南面に接するようになると、本丸部分が次第に浸食され、板倉氏の入部の頃には本丸本来の機能を果たせない状況となっており、そうした中での城づくりとなった。

城下絵図を見ると、本丸（現在の福島県知事公舎・新しくなった福島県警本部）はほぼ三角形に浸食され、これからの浸食をも考えるとここに政庁を置くことはできず、御霊社と藩主用の弓場と馬場、そして硝煙庫、弾薬庫などの軍事施設と食糧貯蔵庫を置いた。そして、西二の丸（現在の知事公館やその向かいの駐車場の一部）に政庁及び藩主の宿舎である殿中を置いた。政庁の南側に外庭があり、ここが紅葉山公園である。ここには阿武隈川から水を引いた池があり、殿中のすぐ前から舟に乗って阿武隈川へ出ることができた。絵図で、奥州街道と本丸と西二の丸のラインが平行ではなく、北側の二の丸と西の郭（西三の丸）のラインが平行であることから見ると、木村吉清が大森から移った頃の大仏城（福島城）は本丸と西二の丸だけで、西の郭（西三の丸、現福島県庁本庁舎）と北二の丸（福島警察署東庁舎と福島大学留学生会館）と新屋敷・北三の丸（長楽寺も含む）は板倉氏が整備した近世の福島城域かと思われる。

三の丸の外側を囲むように家臣の住居が建てられているが、渋川氏や松原氏などの家老クラスの上級家臣の屋敷は西三の丸に配置された。

大手門は初代藩主重寛が宝永六年（一七〇九）にその改修を幕府に願い出て、翌年棟上げを行っている。「板倉家御歴代略記附図」によると、大手門は渡櫓《わたりやぐら》門《もん》の形式で、入るとすぐ右側に番所があった。屋根には鯱、石垣の上には白壁の塀があり、塀には角や丸の狭間（銃眼）があった。その数は一五八個あったと記

福島藩領地配置図

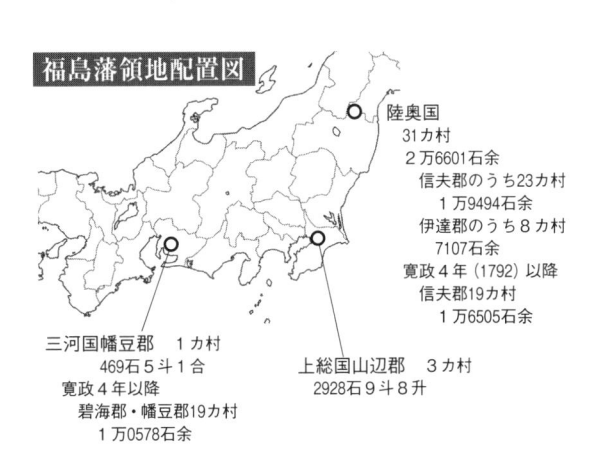

録されている。

大手門を入ると右側に太鼓櫓があり、宝永三年に江戸で購入した〝時の太鼓〟が届き、この櫓に据え付けられ、同年五月十一日朝六つ（午前六時頃）、初めて城下町に時を告げる太鼓の音が鳴り響いた。

正徳五年（一七一五）には殿中の玄関前門や本丸北口橋掛りや石垣などの普請願を幕府に提出しており、享保二年（一七一七）には太鼓櫓の下部を石垣とする工事などこの時期頃まで城郭の整備が続いた。

### 城下町福島

城下町福島は、福島城と奥州街道を中心に整備された。

奥州街道は、須川（現荒川）に架かる橋（現信夫橋）を渡ると枡形があり、番所が置かれた。ここを江戸口といい、ここから柳町・荒町・中町を通り、本町に至る。荒町・中町は商店が並んだ。特に中町は旅人目当てのお土産屋などが並び、『諸国道中商人鑑』にも「名物合羽・煙草入卸」の看板を掲げる店が数店紹介されている。本町《もとまち》は本陣・脇本陣や問屋場がある城下町の中心で（現まちなか広場、かつては福ビルが建っていた）、街道はここで右折して東に向かい、上町《うわまち》（大町は明治初年に上町から分離して成立）に入る。

本町と上町の境が米沢口でここから米沢街道が分岐する。上町の半ばで福島城

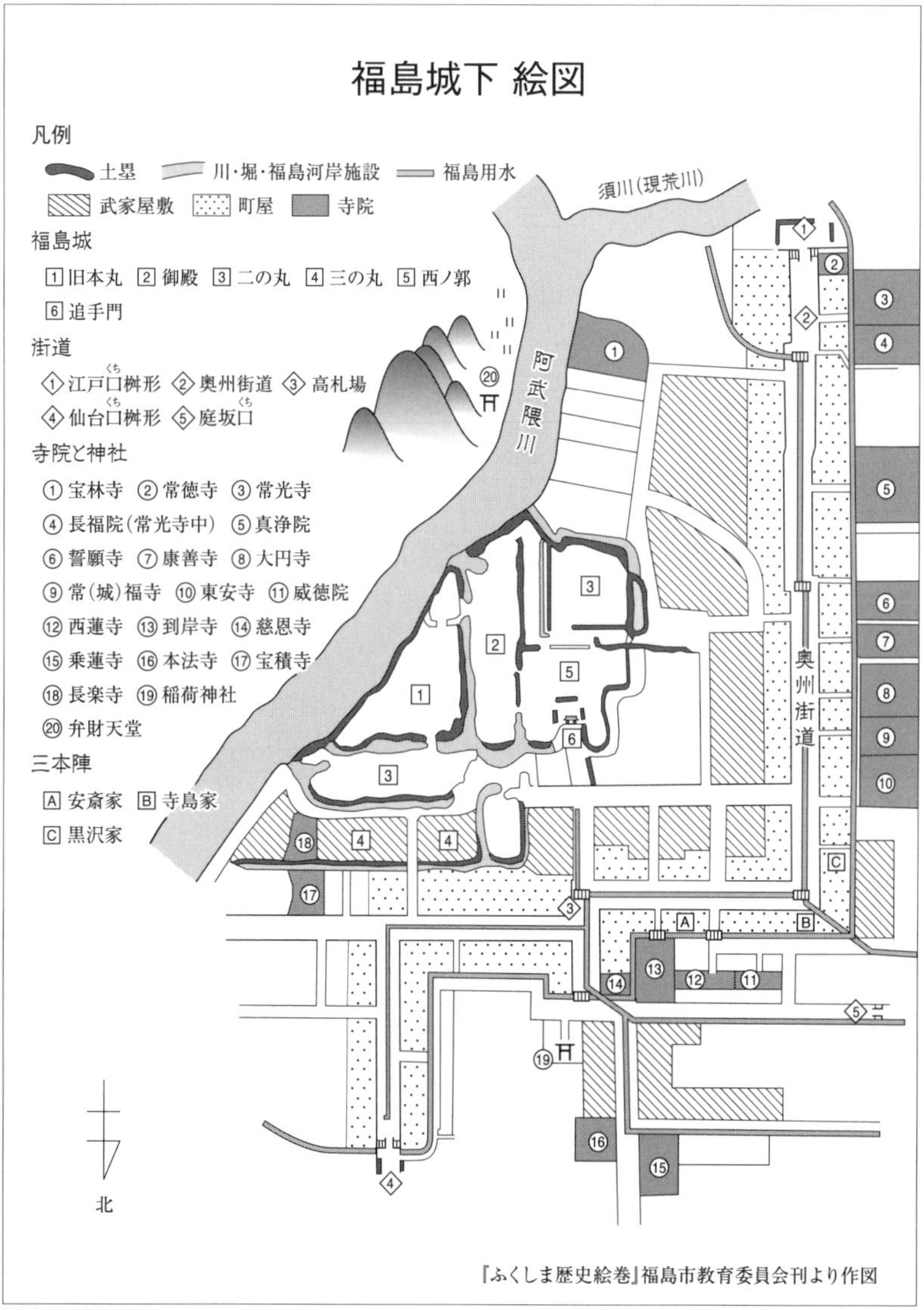
福島城下 絵図
凡例
土塁
川・堀・福島河岸施設
福島用水
武家屋敷
町屋
寺院
福島城
1 旧本丸　2 御殿　3 二の丸　4 三の丸　5 西ノ郭
6 追手門
街道
◇1 江戸口《くち》桝形　◇2 奥州街道　◇3 高札場
◇4 仙台口《くち》桝形　◇5 庭坂口《くち》
寺院と神社
① 宝林寺　② 常徳寺　③ 常光寺
④ 長福院(常光寺中)　⑤ 真浄院
⑥ 誓願寺　⑦ 康善寺　⑧ 大円寺
⑨ 常(城)福寺　⑩ 東安寺　⑪ 威徳院
⑫ 西蓮寺　⑬ 到岸寺　⑭ 慈恩寺
⑮ 乗蓮寺　⑯ 本法寺　⑰ 宝積寺
⑱ 長楽寺　⑲ 稲荷神社
⑳ 弁財天堂
三本陣
A 安斎家　B 寺島家
C 黒沢家
須川(現荒川)
阿武隈川
奥州街道
北
『ふくしま歴史絵巻』福島市教育委員会刊より作図
製図 / 曽根田栄夫

大手門からくる大手小路（現県庁通り）と交わる。ここが高札場のあった札の辻で、福島城下のもう一つの中心であった。街道はここで一旦左折し、すぐに右折してまた東に向かい、北南町（現北町）に入る。この町は街道の両側（北側と南側）に旅籠が立ち並ぶ賑やかな町である。それゆえ北南町という。北側の裏は北裡と呼ばれる繁華街で、嬌声が飛び交う歓楽街であった。戊辰戦争の時、世良修蔵が捕縛された金沢屋や連行されて尋問を受けた客自軒、目明かし浅草屋宇一郎が経営する旅籠などもここにあった。近年やや寂しくはなったが、今もなお料亭などが往時を偲ばせる。戊辰戦争の時奥羽鎮撫総督府の軍事局となった長楽寺の手前で奥州街道は左折して北上し、やがて馬喰町、（現豊田町）となり、北の入り口にも枡形があり、番所が置かれた。北上する奥州街道の西側に福島藩の軍事教練をする馬場があった。仙台藩への備えでもあった。馬市が開かれ、博労たちが泊まったのでこの町名となった。幅広い馬場を利用して現在の国道四号線が造成された。その時馬場の北端にあった馬頭観音堂が現在地に移設させた。この馬喰町の北端を仙台口といい、ここまでが福島城下である。木戸を出ると腰浜村となる。

福島城下の町場は、前記奥州街道沿いの七町と庭坂街道入口付近の御山横町と御山口付近の御山新町の計九つあったが、秋の稲荷神社の祭礼は奥州街道沿いの七町で行われた。

この奥州街道沿いに町家が並び、町家と城の間に武家の住宅が並んだ。

町家街のさらに外側には寺町が形成された。寺院の本堂は戦いになった時、大勢の兵が宿泊できるので臨時の城の役割を果たした。そのため、街道の出口付近に出城的に寺院が配置された。

奥州街道江戸口には常徳《じょうとく》寺・常光《じょうこう》寺・真浄《しんじょう》院・誓願《せいがん》寺・康善《こうぜん》寺・大円寺・常福《じょうふく》（城福）寺・東安《とうあん》寺が配置された。庭坂街道入口付近には威徳《いとく》院・西蓮《さいれん》寺・到岸《とうがん》寺・慈恩《じおん》寺が、信夫山口（大手門と信夫山は一直線上にあり、松川合戦では、ここが最前線となった）には乗蓮《じょうれん》寺と本法《ほんぽう》寺が置かれた。仙台口には、その西側に板倉家中の軍事演習場ともいうべき馬場が置かれ、ここで敵の襲来への調練を実施していた。その東側、北南町の街道の曲がり角奥には宝積《ほうしゃく》寺と長楽《ちょうらく》寺が置かれた。長楽寺は本庄繁長の建立になる寺院で、戊辰戦争時には初め奥羽鎮撫総督府の、後には奥羽越列藩同盟側の軍事局が置かれた寺院で、福島城三の丸内にあった。

奥州街道の道の中央には福島用水が流れていた。この用水は天戸川の水を笹木野村で分水したもので、城下に住む人々の生活水として重要なものであったが、この用水は脇本陣であり問屋場を務めた寺島家の庭を通って城下町へ流された。つまり、寺島家が福島城下の水を支配したといえる。

生活用水であるこの福島用水の使い方について、次第にモラルが乱れていき、度々「口達」という形で代官から城下に注意がなされていた。つまり「各町内の前の流れに塵芥を捨てないように前々から沙汰があったが、近頃町人の心が緩んでいると聞いている。町役人からだけでなく、五人組の中で話し合うように。これからは毎月三度、四の日にそれぞれ家の前の堀を掃除するように。そのため、清掃の日には野寺村の水守助右衛門に水を沢山流すように申し付けておく」と。

城下町の入口には木戸が設けられ、番所が置かれた。木戸は江戸口や仙台口、米沢口など主要街道入口だけでなく、「福島村差出帳」によれば、例えば「柳町木戸　清水口作場道」のように農作業時に利用する間道の城下入口にも設けられたように、各町内二カ所くらいずつ、計一三カ所に設けられていた。木戸は明六つ（日の出時）に開き、暮六つ（日没時）に閉じることになっていた。各宿場町も同じ措置をとったので、旅人は次の宿駅までの距離と日没時刻を計算しながら歩かないと次の宿場に行った時には木戸が閉まって入れない事態が起こった。江戸時代の旅の書には宿場から宿場までの里程が必ず掲載されていたのは、そうした必要性からであった。

## 城下町福島の発展

近世城下町は基本的には、城郭の周囲に家臣団の屋敷が配置され、その外側に消費生活をする家臣団の生活必需品を販売する商店（当初は市）が集まり、さらにその外側に、出城機能を持ち、宗門人別を扱い戸籍係をも務める寺院を周囲に配置した。その後、参勤交代や商業の発達、庶民の娯楽としての旅の流行等による交通の発達に伴う宿泊設備としての旅籠や土産店・茶店・食堂などが街道沿いに進出して町場を形成してくる。だから城下町の基本的な大きさは藩の家臣団の数によることになる。

板倉氏福島藩は三万石である。奥州街道沿いにある福島県内の藩は白河藩、二本松藩、福島藩、桑折藩であり、これらの城下との規模を比較すると、三万石の福島城下の相対的大きさを窺うことができる。

前述のように、十七世紀後半延宝八年（一六八〇）の本多氏時代の福島城下の商業は城下八町で交互に市を立てている状況であったが、城下町は七つの町で構成されて、その後の福島城下の骨格はできており、十五万石の城下町として整備されたのである。

板倉氏が入部した翌年の調べ（元禄十六年＝一七〇三）では福島城下町の人口は、男二四二六人、女一八三五人、計四二六一人であった。

城下町福島の発展が本格化を迎えるのは、信達地方の養蚕製糸業が本格化し、本場としての名声が全国にとどろき、蚕種、生糸、絹織物等蚕糸製品の購入のため全国から商人が来るようになる十九世紀後半（安政二年（一八五五）奥州蚕種本場名獲得）以降であり、バブル的最盛期を迎えるのは開港後の幕末であるが、これについては、蚕糸業の発展の項で稿を改めたい。

「蚕やしなひ艸」「十二」
（東京都立中央図書館蔵）

## 稲荷神社の祭礼

稲荷神社（現福島稲荷神社）は、福島城下町の産土神、総鎮守として信仰を集めていた。ただ、その立地の地は、福島村福島城下ではなく、隣村の腰浜村である。城下の外の村であるため、藩主板倉家から地代として毎年五両腰浜村に支払われた。

祭神は豊受比売命《とようけひめのみこと》で、伊勢神宮外宮と同じである。その由緒は、社伝によれば、陰陽師《おんみょうじ》安倍晴明《あべのせいめい》が永延元年（九八七）、詔《みことのり》を奉じて奥羽下向の途中、当地にさしかかり、自然の景勝と肥沃な土地に目を付け、衣食住を司る豊受比売命を勧請し、この地の総鎮守としたことに始まる、という。市内には安倍晴明に関する地名や伝説がある。

城下には杉妻《すぎのめ》稲荷社（現在は紅葉山公園内、板倉神社北側にある）があり、『信達一統志』でも「杉妻社、この神こそ此の地の産神《うぶすながみ》なるべきに、当稲荷社を産神とせるは如何にぞや、当城を杉妻と云へ、当社を杉妻明神と称し奉れば土神《うぶすな》なること疑なし」と疑問を呈しているが、稲荷神社が元禄年間から現在に至るまで〝ふくしま〟の鎮守である。

稲荷神社の祭礼は、現在は十月の第二日曜日をはさむ三日間行われているが、以前は十月十日を挟む三日間で、旧暦時代は九月十日、十一日に行われていた。これは、正徳元年（一七一一）十一月、稲荷神社宮司丹治播磨《たんじはりま》と黒岩春日《くろいわかすが》神社宮

「不動利益縁起絵巻」に描かれた安倍晴明（東京国立博物館蔵 Col Base 提供）

司丹治若狭《たんじわかさ》が江戸寺社奉行に呼ばれた。川俣春日神社《かわまたかすが》（現在福島市川俣町にある春日神社）から、同社と稲荷神社の祭礼日が同日であるので、歴史の浅い稲荷神社の祭礼日を変更するようにとの訴えがあり、寺社奉行から判決があり、「福島稲荷神社の祭礼について、神輿渡しの儀の日を差し替えるよう」判決が下り、江戸藩邸留守居役池田伊右衛門も寺社奉行に呼び出され、同様の達しがあった。その結果、翌正徳二年から、神事は九月九日、十日に祭を執行し、十一日が神輿渡しの日と決められた。

祭礼にかかる費用は七町で受け持った。特に稲荷神社の屋根の葺き替え費用については各町の規模に応じた費用の分担があった。例えば、天保三年（一八三二）では総額一一一貫七九〇文を柳町三、荒町五、中町六、本町六、上町八、北南町五、馬喰町二の割合で負担している。各町は、割り当てられた費用を町内の各家に、各家の間口に応じた一軒前、七分五厘前、半軒前、二分五厘前に応じて割り振っている。

祭日は、前述の通りの九月十日を中心に三日間が基本であるが、天候や御上の不幸などによって左右されることもあった。例えば文化十三年（一八一六）の年は、水戸様・上杉様・一橋様に御不幸が次々と起こり、日程延期となり、九月十七日稲荷詣り、十八日御城入り、十九日町内廻り、という日程だった。

祭の当日、山車《だし》と屋台《やたい》が稲荷神社に繰り込み、夜になって神輿を担ぎ出し、当番の町の旅所に安置する。御城入りの日は、まず四神鉾、榊を持った役員を先頭に、山車と屋台が城に入り、続いて神輿がお城入りする。大番所にて幣帛《へいはく》を奉納し、神子舞《みこまい》を奉納する。藩主からお神酒と赤飯が賜れ、また樽酒をいただいた。一旦城を出て、上町通りから北南町・馬喰《ばくろう》町を通り、舟場口から三の丸に入り、武家屋敷を通り、神輿を渡し、山車・屋台が続いた。河岸木戸から宝林寺口に出て、柳町から奥州街道を北上し、本町から上町に戻り、稲荷神社に還宮した。

山車・屋台は四台あり、一番から四番までを七町が順番で当番を決め引き回した。屋台は太鼓台で、山車は歴史上の偉人などを象った人形などで飾った。そして町の人々の楽しみは踊りであった。宝永六年（一七〇九）の記録に「町内より手踊り願い」が出され、「願いに任す」と許可になっている。手踊りは民謡に合わせた集団の踊りであろう。また踊り狂言二組という資料もあり、所どころで演じられたのであろう。

福島藩初期の宝永六年の記事であるが、「九月九日、右祭礼につき、藩主板倉重寛が桟敷を設け、年寄初め家中一統見物をした。同月割元安斎一郎右衛門、町年寄金沢弥五兵衛、鉄砲の間において、料理を賜れ、役儀に精を出したとのことで褒美として上下一式を賜っている」。稲荷神社祭礼が藩・城下一体となって楽しんでいたことがわかる。

人々は二週間前から稽古に取りかかった。天保九年（一八三八）の記録では、八月二十五日が稽古始めの日で、両検断、両組頭等から子どもたちに饅頭が三つずつ配られ、大人たちの献立を見ると、御盃にご飯、吸物（茄子としめじ）、硯蓋には百合の根、蒲鉾、海老、梨、いの花（香茸《こうたけ》）、丼には蒸し松茸と皿には大根、蛸、からすみの三肴が付いた。

八月二十九日には内見が行われ、同じ献立の品が用意されていた。

しかし、十八世紀前半は年貢収奪の過激になっていく時期であり、信達地方では百姓一揆が相次ぐ時期でもあった。

延享元年（一七四四）、町年寄金沢弥五兵衛及び各町検断連名で「近年町内の商売が殊の外不調で、困窮しているので、九月の祭礼は神輿の通行だけにして、踊りなどは今年の秋の祭礼から三年間は延期とし、その後は装束などを軽くして行うこととしたい」と藩役所で届け出ている。町人だれもが参加できる踊り行列にだいぶ金をかけて衣装を作り、派手に盛り上げていたことがわかる。

凶作・不況による祭開催の取り止めは、天保の凶作時など度々行われた。

# ③ 街道と舟運

参勤交代制度や産業の発達による物資の輸送、社寺参詣の庶民の旅の流行などにより人と物の交流が盛んになると陸上交通のための街道・宿場・一里塚が整備され、また大量輸送手段として河川・海上交通の舟運が発達した。

## 奥羽街道の整備

### 八丁目宿

奥州街道を北上し、二本松藩領を過ぎると信達地域に入る。この地域での奥州街道の宿駅は、八丁目・若宮・清水町（根子町）・福島城下・瀬上・桑折・藤田・貝田と続く。

二本松藩領の安達郡と信夫郡との境は境川という小河川である。ここを越えると奥州街道の信達での最初の宿八丁目である。八丁目宿は、八丁目村（街道の西側）、天明《てんみょう》根《ね》村（街道の東側で水原川、別名松川まで）、鼓ケ岡《つづみがおか》村（宿の北部、主に水原川を越えた街道の東側）の三村からなる。本陣や旅籠が立ち並ぶのは鼓ケ岡村本町・中町で、八丁目城（中世城館）の城下町として発達したと思われる。

上杉氏は参勤交代路として、寛文四年（一六六四）に信達地方が幕領となるまでは大森を経由する旧道を使用しており、八丁目で奥州街道に出る径路をとっている。福島藩板倉氏も参勤交代で江戸からの帰路では八丁目宿で最後の宿泊をとり、ここで陣容を整えてお城入りをした。本町桜内家は代々本陣を務め、奥羽諸大名が参勤交代で宿泊したことを示す宿札（関札）が残されている。

## 八丁目文化

「奥州に過ぎたるもの、石に唐木に鵙《もず》の団七」と江戸の文人の間で謳われた。「石」は篆刻にすぐれた菅野晋斎、「唐木」は三味線造りで名高い尾形久米吉、「鵙」は百舌鳥《もず》廼舎《のや》排《はい》★（渡辺団七）を指す。

幕末、宿駅の旅籠屋の旦那衆や村の名主たちは「連」という文化サークルを作り、江戸から師匠を呼び、また連の間でネットワークを結び、地方の文化を支えた。八丁目連の中心人物が百舌鳥廼舎排で、狂歌（俳諧歌）をよくし、お茶・お花・書など多才であり、江戸の大田南畝《おおたなんぽ》や十返舎一九《じっぺんしゃいっく》などとも交遊があった。排は、二代十返舎一九の『奥州一覧道中膝栗毛』第四編の序を書いたが、その挿絵を描いたのが、八丁目中町で旅籠桝屋を営む加藤侯一であった。侯一の狂歌画賛などの作品は幸いに残っているが、北斎漫画などを手本に描いた習作も多数残っており、今後の八丁目文化研究の資料として貴重である。

『近世名家肖像』より大田南畝（東京国立博物館蔵 ColBase提供）

「燕石十種」より十返舎一九（国立公文書館蔵）

▼排
『狂歌人名辞書』狩野快庵編では「ツラネ」と読んでいるが、通常地元では「はい」と読んでおり、それに倣った。

俳諧も盛んで、松窓乙二《しょうそうおつに》（奥州俳諧四天王の一人といわれた俳人）の門下であった加藤紫明《かとうしめい》（金沢屋忠兵衛）や聾耳坊嵐字《ろうじぼうらんじ》（角屋与兵衛）等が排出している。

### 間宿《あいのしゅく》、浅川新町宿・清水町宿

八丁目宿と福島城下の間の里程は三里二丁もあり、その間には伏拝の急坂があった。そこで浅川新町と清水町の二つの間宿を設けた。浅川新町は若宮八幡宮が鎮座することから若宮と、清水町は根子町とも呼ばれた。これは新道を見分した伊達政宗が、山道に大木の根が多いのに難儀をして、「何と根っこが多いんだ！」と言って名付けたという逸話が残っている。

間宿は当初は旅人などの休憩の利便をはかったものであったが、後には宿泊もさせるようになった。それは、助郷人馬の負担の反対給付的意味合いもあった。しかし、小さな間宿であったため、清水町と浅川新町は、毎月上旬・中旬の二十日間は清水町宿が、下旬の十日間は浅川新町宿が負担をした。両宿の間はわずか一一丁（約一〇八九メートル）であった。

### 瀬上宿

福島城下から二里八丁（「奥江戸道中往来」による。明治初めの里程表では一里二二丁五九間）で瀬上宿に着く。瀬上宿は本町と荒町からなり、その境に高札場があ

北斎漫画（山口県立萩美術館浦上記念館蔵）

## 福島市域の主な街道と宿駅

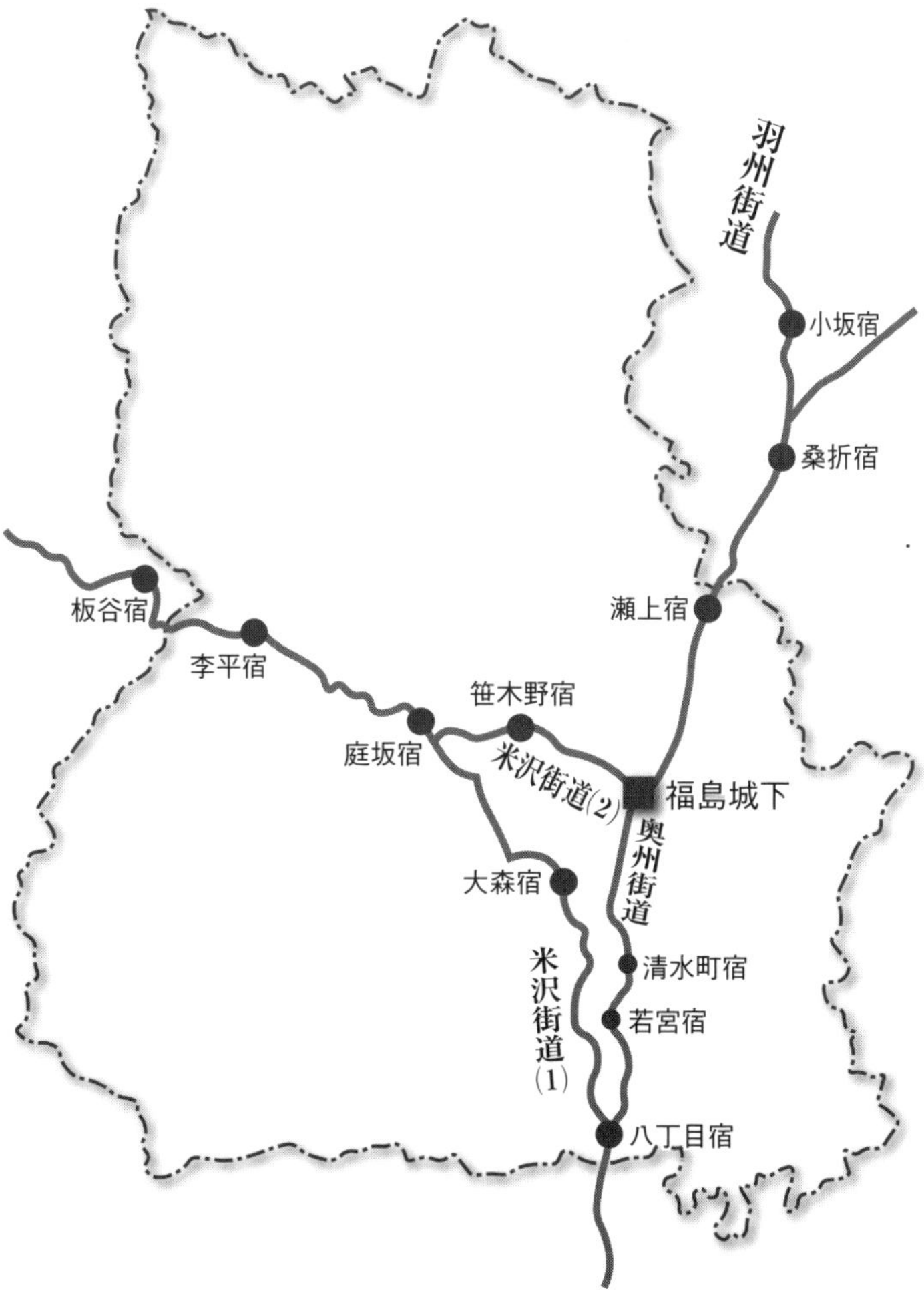


【凡例】
○米沢街道(1)は、17世紀後半の上杉氏支配の終わり頃までの米沢街道
○米沢街道(2)は、17世紀後半以降の米沢街道
ー・ー は福島市域境界

り、ここを左折すると宮代から飯坂への道となり、芭蕉が歩いた道となる。左折せず、直進すると摺上川となり、川を越えると伊達郡である。最初の村が長倉村で、伊達郡でその年の糸の初市が開かれる牛頭天王社《ごずてんのうしゃ》（現八雲神社）があり、全国からの生糸商が集まる地の利があり、宿駅は大いに賑わった。また摺上川と阿武隈川の合流点手前に箱崎の渡しがあり、保原・梁川への道の分岐点ともなっている。渡し場の近くに瀬上河岸があり、江戸廻米のための年貢米集積所の役割をも果たしていた。信夫郡北端の交通の要衝として、大いに賑わった宿場町であった。

### 桑折代官所と羽州街道

延宝七年（一六七九）に福島十五万石の領主となった本多忠国は、天守閣のない福島城ではあきたらなかったのか、伊達市歴代の拠点となった旧西山城があった桑折での築城計画を立てた。しかし、本多氏の福島支配はわずか四年間で終わったため、この桑折築城計画は幻のものとなった。天和二年（一六八二）、信達地方はまた幕領となり、石見代官柘植伝兵衛宗正《むねまさ》が赴任した。石見銀山の管理者柘植の転任は、半田銀山★の経営という任務もあったのであろう。柘植は桑折に代官所を移した。桑折代官所が成立した翌天和三年、尾張徳川家の支藩松平義昌が梁川に入部し梁川藩三万石が成立し、さらに貞享三年（一六八六）出羽山形藩主堀田正仲十万石が福島に入り福島藩が成立すると、それまで一円支配であった信達

▼半田銀山
上杉領時代の慶長年間（一五九六～一六一五）に開発が始まり、江戸時代中頃からは幕府直営の銀山となり、日本三大銀山の一つといわれた。明治になると五大友厚も経営に参加した。戦後間もなく閉山となった。

地方は分割支配の地域となり、幕領桑折は六万八千石の支配となった。

この代官所も元禄十三年（一七〇〇）に松平忠尚が二万石で入部し桑折藩が成立すると代官所も移されたが、延享四年（一七四七）に桑折藩が二万石のうち一万二千石余を収公されると再び桑折に代官所が移され、信達幕領の中心地となった。

代官所から奥州街道を北へ進むと追分から街道が分岐する。左へ行くと羽州街道である。桑折宿から一里一二丁で小坂宿に着く。ここを過ぎると難所小坂峠である。幕末の慶応二年（一八六六）に北半田《きたはんだ》村の豪農早田伝之助《はやたでんのすけ》が私財を投げうって改修するほどの難所であったが、それでも出羽の大名は参勤交代路として使用したことは、板谷峠越えの米沢街道の大変さがわかるものである。なお、伊達政宗が三春の田村清顕の娘愛姫を梁川の亀岡八幡宮で請け入れ米沢に連れていったのはこの街道であったこともその証左となろう。

小坂峠を越えると伊達氏仙台藩領となる。戸沢宿から七ヶ宿を通り西に向かい、金山峠を越えると出羽国となる。

桑折代官所の近くの段丘上に郷蔵があり、年貢米はここに運ばれ、段丘下の桑折河岸で小鵜飼船に載せられて江戸へ廻米される。河岸から郷蔵までは四斗入の米俵を担いで上り下りするのは大変な苦労であったろう。洪水などで年貢米が濡れないよう、郷蔵は河岸場から旧坂を上った高台につくられることが普通であった。桑折宿の近くにはもう一つ上郡河岸があった。桑折河岸と上郡河岸、この両河岸から幕領や米沢藩の年貢米が阿武隈川舟運により運ばれたのである。

## 米沢街道の整備

### 戦国時代の米沢街道

天正二年（一五七四）伊達実元が八丁目城を獲得して以来、米沢街道は、仙道（福島県中通り地方）攻略の軍用道路として大事な道路であった。

街道は、八丁目城で奥州街道から分岐し、平石から大森に出た。大森は文禄二年（一五五九年）に、信夫支配の拠点を杉目城（福島城）に移すまで仙道での戦いの拠点であり、山城の麓にへばり付くように城下町を形成していた。街道は大森を出ると左に折れ、下鳥渡から上鳥渡に出て土湯街道と別れ（追分）、佐倉下を経て荒川と須川を渡り、上野寺字舘ノ下から北西に進むと庭坂宿の町尻に出る。

### 近世米沢街道の整備

江戸時代になると、軍用道路であった米沢街道も人と荷物の行き交う街道として整備される。

板谷峠越えは大変な難所であった。米沢街道が整備された江戸時代、出羽の大名が参勤交代で往き来する際、奥州街道に出るのに利用されるのは、七ケ宿を通り桑折の宿に出る羽州街道で、この米沢街道を利用する大名は上杉氏のみであったことからもその難所さを窺うことができる。この峠は馬では越えられず、荷物は牛につけて往復したという。

そこで、板谷峠の手前に宿を設けることとした。

李平宿は慶長十八年(一六一三)に上杉の家臣石黒蔵人を先祖とする阿部薩摩が開いた。李平は宿駅だけの村で、正保絵図では無高となっているが、『旧高旧領取調帳』では三十八石四斗四升となっている。開宿当初は五〇戸ほどで、街道の両側に家々が立ち並び、宿の先(米沢側)の不動沢から水を引き揚水としている。

しかし馬車さえも通れないこの街道は、明治になると富国強兵・殖産興業のスローガンのもと、明治十四年(一八八一)に北側を通る万世大路が完成すると通行量は激減し、住民たちは炭焼き・養蚕・馬鈴薯・そばなどの畑作に転業し、明治十九年には戸数二一、人口九六人となった。その後明治三十五年には大火に見舞われ、大正七年(一九一八)頃には一、二戸となり、やがて全戸平地へ移転し、全くの廃村となった。

李平宿の現況は、雑草が生い茂り、木が林立して昔の面影は全くなく、「李平宿跡」「古河善兵衛自刃の地」と二本の標柱が立っている。

## 今に残る米沢街道石畳

李平宿を出て米沢方面に向かう。不動沢を過ぎ、一キロメートルほど行ってヘアピンカーブを曲がると右側に「米沢街道石畳入口」の標柱が立っている。ここから旧道に入る。毎年六月に地元の吾妻地区郷土史談会の皆さんが草刈りをして「石畳保守活動」をして下さっている。石畳が残っている部分は六〇メートルほどであるが、草刈りが終わると、その石畳がきれいに現れる。万世大路の竣工によりこの道は廃道となってしまい、後年できた林道の路線からも外れたため、近世の道路がこのようにきれいに残ったものであるが、平成十五年（二〇〇三）三月三十一日、国有財産特別措置法によりそっくりそのまま国から福島市へ譲与された。譲られたのは「赤道」で、その所在地は「李平字大沢1の地先」とあり、地番がなく、また国調も入っていないため隣接する私有地との境界も明確ではないため、史跡として指定するためには難しい問題があるが、何とか指定して確実に保存する方法はないものであろうか。地元史談会の方々のボランティア活動で管理されているが、きちんとした計画のもとに保存と活用の途を見つけたいものである。

## 笹木野宿の整備

近世的街道の整備として、米沢街道は福島城下の札の辻を起点とし、現日本銀行東側の米沢口で奥州街道から分かれ、八島田《やしまだ》村から笹木野《ささきの》村を経て庭坂宿に至

米沢街道石畳

る街道に付け替えられた。このルートは、河岸段丘面にあり、水害による通行止めなどの交通障害のない安定した通行が見込まれる利点があった。

しかし、福島城下から庭坂の宿までは二里以上の距離があり、その中間に宿駅を必要とした。

近世初めに作られた『邑鑑《むらかがみ》』には笹木野村は掲載されておらず、八島田村の次は下野寺村であり、上野寺村と続く。下野寺村の村高は千八百六十九石余である。十七世紀後半に行われる寛文・延宝の惣検地では、下野寺村は三千四百十九石余、内笹木野村二千八石余である。『邑鑑』と惣検地の村高を比べると、八島田村が八百三十石余から千九十九石余に、上野寺村が五百四十六石余から千百四十九石余へと増加している。下野寺村も二倍近く増加しているが、そこに三分の二近く割かれ、宿駅を中心とした笹木野村ができたことが新高の検地帳から窺える。その結果、現代でも下野寺地区は笹木野地区を挟んで二分され、飛び地状況になっている。

# 廻米と舟運

## 阿武隈川舟運

江戸時代は石高制である。この制度を維持するために幕府は農村に自給自足

（の自然経済）を強いたが、参勤交代制度や大名の江戸での生活、産業の発達に伴う商品生産の発達などにより、貨幣経済の必要性に迫られる矛盾に陥った。

幕府・大名等領主たちは、年貢として納入された米を現金化する必要性に迫られた。しかし、地方では米の需要は小さく、年貢米をより高く売るために、年貢米を大市場のある江戸や大坂へ運んだ。これを廻米という。廻米のための輸送手段は、陸路では馬、水運では川・湖・海を行く舟運である。しかし、陸路では馬にはせいぜい二俵しか付けることはできず、馬子一人で二頭の馬を牽いても四俵しか運べず、「より早く、より安く、より安全に運んで高く売る」ためには舟運には敵わなかった。そこで幕府も各藩も内陸部では河川舟運路の開発に励んだ。

阿武隈川は福島県と栃木県の境に聳える旭岳の東斜面を水源とし、白河～須賀川～郡山～二本松～福島と本県中通りを北上し、宮城県亘理《わたり》町荒浜《あらはま》で太平洋に注ぐ、全長二三九キロメートル、全国で六番目の長さの河川である。阿武隈川は福島市南部の蓬莱峡《ほうらいきょう》を境に上流と下流に二分でき、それぞれは舟運開始の時期等によりさらに二つに区分し、次の四区間に整理することができる。

①宮城県伊具郡水沢・沼《ぬま》ノ上《うえ》河岸～同県亘理郡荒浜河岸
　遅くても寛永年間（一六四〇年前後）に通船した区間である。
②福島市福島河岸～水沢・沼ノ上河岸　寛文四年（一六六四）に通船。
③郡山市鬼生田《おにうだ》河岸～二本松市供中《ぐちゅう》の才俣《さいまた》河岸　明治初年に通船。

④西白河郡川原田河岸～鬼生田河岸　安政三年（一八五六）通船。
なお、福島河岸～才俣河岸間は、蓬萊峡の難所があり、明治初年にも調査が行われ、通船願いも出されたが、結局船を通すことはできなかった。

## 阿武隈川舟運の開始

寛文四年（一六六四）、上杉氏の継嗣問題から米沢藩が十五万石に減封され、信達地方は幕領となった。それ以前、米沢藩の廻米は、水沢・沼ノ上河岸まで馬の背に俵を付け、あるいは人力により山坂の難所を遠いところでは一八、九里運び、年貢米が江戸に到達するまで三カ月ほどかかったと書かれている。

幕領となり、阿武隈川舟運の必要性が高まり、江戸の商人渡辺友意《わたなべともい》が福島河岸～水沢・沼ノ上間の川浚普請を申請し、私費一万両をもって開鑿し、翌寛文五年この区間の工事が完成し、小鵜飼船の通船が可能となった。

河川舟運が可能となるためには、まず川底を浚い、急流となる段差を解消し、船が安全に就航できる船道をつくること、川を下った船を上流の河岸まで引き上げる（船には一人の船頭と二人の水夫《かこ》が乗り込む）水夫が綱を引きながら歩く

信達年貢米の江戸廻米経路図

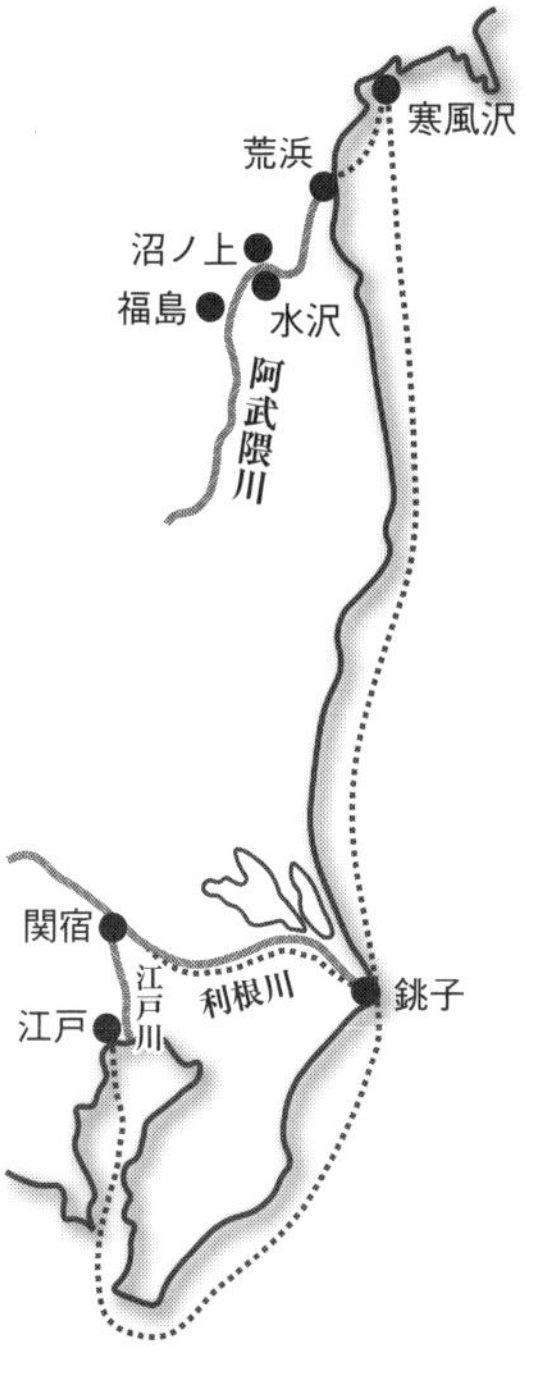

道を川の右岸に沿って造る工事が必要である。急流では、沈み枠に石を積み込み澪（船道）をつくる。渡辺友意の工事ではそこまではできず、幕府は河村瑞賢《かわむらずいけん》★に請け負わせてこの工事を完成させた。寛文十一年のことであった。

## 福島藩の廻米

福島城の裏、阿武隈川河畔に福島河岸があり、そこには福島藩や米沢藩、幕府の河岸蔵と舟運を請け負った渡辺十右衛門（明和六年からは上総屋幸右衛門）の船会所があった。年貢米はここから小鵜飼船《こうかいぶね》（五十俵積）に載せられ川を下った。信達地方の農民は指定された河岸まで年貢米を運ばなければならなかった。米沢藩や幕領高畠陣屋の年貢米は、二つのルートを通って阿武隈川舟運河岸に運ばれた。一つは、板谷峠～庭坂～笹木野を通る米沢街道ルートで福島河岸に運ばれた。もう一つのルートは二井宿峠～七ケ宿～小坂峠を越える羽州街道ルートで上郡河岸（現桑折町）に運ばれた。

福島河岸の対岸の椿舘《つばきだて》には、船の安全就航を祈って、琵琶湖竹生島《ちくぶしま》の弁財天を勧請して弁財天宮が建立されたため、椿舘の三つの峯のうち南端の峯を弁天山と呼ぶようになった。この弁財天宮は板倉氏入部の際、お城を見下ろすのは不敬だという理由で山から降ろされ、天神河岸の南側に建てられた。

五〇俵の年貢米を載せた小鵜飼船はやがて福島県と宮城県の境にある水沢・沼

**▼河村瑞賢**
元和四年（一六一八）～元禄十二年（一六九九）。瑞軒とも書く。江戸前期の商人。海運、治水の功労者。明暦の大火の際、木曽福島で材木を買い占め、土木・建築請負で巨利を得る。幕命により、江戸廻米のため、阿武隈川の開鑿、東廻り航路を改良。淀川治水のため安治川を開くなどの功績があった。

福島河岸と弁財天宮
（「阿武隈川舟運図」より／福島市蔵）

ノ上河岸に到着する。ここで一旦船から揚げられ、水沢・沼ノ上問屋場（河岸から十数メートル上にある）で、運ばれた五〇俵から六俵選ばれ、定量の年貢米が詰められているか検査を受けた。その際、請負業者の手代と農民代表の出役《しゅつやく》が立ち会った。検査を終えた年貢米は再び河岸まで降ろされて、百俵積みの艜《ひらた》船に積み込まれた。ここからは川幅も広く、流れも緩やかで比較的安全な航行で荒浜まで運ばれ、ここで再び俵の検査を受け、ここで一七〇～二五〇俵積める小廻船に載せ、一旦北上して松島湾の寒風沢《さぶさわ》港に運ばれた。

寒風沢では東回り航路を就航する元船に載せられ南下して銚子湊まで運ばれた。ここから房総半島を廻る外廻りコースもあったが、難破の恐れのある非常に危険なコースだったため、川船である高瀬舟（三〇〇俵積み）に積み替えられ、利根川を遡るルートが使われた。高瀬船には帆が付いており風を利用できたが、基本的には曳き綱で引き上げ、関宿で江戸川に入ってこれを江戸湾まで下った。ここで艀に積み替え隅田川を上って蔵前に到着した。

### 難所“猿跳《さるっぱね》”

舟運の一番の難所は滝であった。特に県境近くの猿跳は、難所中の難所であった。「阿武隈川舟運図★」を見ると、川は三つの船路があり、左岸側の二つに赤い線が引いてある。ここが年貢米を積んだ小鵜飼船が下る船路である。基本的に舟

弁財天像★（上名倉、長勝寺蔵）

▼**弁財天像**
天神河岸側の弁財天宮にあったが、明治維新の神仏分離令の後、上名倉の長勝寺に移された。

▼**「阿武隈川舟運図」**
明和年間後期（一七七〇年前後）に制作。福島県指定重要文化財（歴史資料）。幅三〇・九センチメートル、長さ一三メートルの軸物。安全な航行のために難所には航路を赤線で示し、瀬や岩の名称、澪などを書き込んでいる。

運は左側通行であるから右岸側は舟を引き上げる船路であり、段差は致命的になるので続枠を沈めて澪を造っている。それでも段差があり、舟を引き上げる水夫にとっては難所中の難所であった。

浅瀬も難所となった。川舟の吃水は浅いが、それでも浅瀬は危険であり、船路の浅瀬は川浚いをして舟が乗り上げることを防いだ。

「阿武隈川舟運図」を見ると、岩ごとに名称が記してある。船頭はこうした岩の名前をその位置とともに頭に入れ、舟の舵をきり、安全に舟の航行をはかった。

## 廻米の時期と出役

この地方の年貢割符状を見ると、納入期限は十二月十日である。秋の収穫時期から十二月までに納入された年貢米は、指定された河岸まで運ばれ、俵の作り方がきちんとしているか（俵装《たわらそう》）、米の品質はどうか（米柾《こめまさ》）、俵には定められた一定量が入っているか（桝廻《ますまわ》し）が村役人立ち合いのもと検査が行われ、高台に建てられた河岸蔵に納められた。

指定河岸での桝廻しの基準定量は、一俵四斗二升三合であった。本来一俵は四斗であるから、二升三合は運送途中でのこぼれ米を予想した量で、江戸の米蔵に着いた時に四斗あるための保険米である。この保険米は農民の負担となった。つまり廻米されると、河岸蔵までの運送負担に加えて、一俵に付き二升三合の保険

猿羽根滝（「阿武隈川舟運図」より／福島市蔵）

米も農民の負担となった。廻米は農民の負担増となったのである。

この検査には信達の村役人（名主が基本）が交替で出向き（この役を出役という）検査に立ち会った。出役は、年貢米の積み込み、積み替えが行われる河岸（村の河岸蔵のある河岸、積み替えの行われる水沢・沼ノ上河岸、荒浜河岸、寒風沢河岸など）に行き、そこで舟運が行われる十月半ばから二月半ばまで四カ月自炊生活をしたので生活用品一式を持参した。名主にとって、廻ってくるこの出役の負担は大変なものであった。

# ④ 農村の疲弊と百姓一揆

享保の改革の目的は財政の立て直し、すなわち年貢増徴策であった。そのため負担の軽減を願う農民たちは十七世紀前半、何度か大規模な百姓一揆を起こし、犠牲となった指導者を義民として顕彰した。

## 十七世紀の信達の村々

一般に、近世の年貢率は、豊臣秀吉の〝二公一民（年貢率六六パーセント）〟から江戸時代には〝五公五民（年貢率五〇パーセント）〟へと低くなっていくのは、農民闘争の結果、権利が拡大していくためといわれている。しかし、信達地方、特に信夫郡の年貢率を見てみると、江戸時代初期に成立した『邑鑑』によると、信達全域一五四カ村の平均年貢率は、二割七分七厘という低率である。これを四郷の地域ごとに詳しく見ると、信夫郡が六八カ村平均二割四分三厘、伊達郡西根郷が三二カ村平均二割二分、同郡東根郷が三三カ村二割六分七厘、同郡小手郷《おでごう》が二一カ村四割九分となる。ここで目に付くのは小手郷の高率である。養蚕・製糸業が盛んだった信達地方での地域分業では、絹織物業が盛んだった小手郷（川俣町、旧月舘町、旧飯野町）は山間地域であり、「文化三年立子山村書上げ」でも、用水は、山沢・細川の流水や雨水、小井戸《しょう》などを用いており、生産性の高い村々とはいえない地域である。それに対して阿武隈川の氾濫原が広がる他の三地域は二割台の低率である。西根堰以前の西根郷、砂子堰以前の東根郷は水不足に苦しんでおり、信夫郡の場合は頻繁に見舞われる洪水と扇状地という地形の未克服、段丘面上の水不足により、まだまだこの時期は生産性が低かった故の低率と思われる。

前章で述べたように、上杉氏の支配時代、関ヶ原の敗戦により百二十万石から三十万石に減封された米沢藩は藩を挙げての増産に取り組み、用水路の開鑿や霞堤など河川の整備による洪水の防止などにより、耕地面積の拡大のみならず、土地生産性の向上の努力が実を結んだ。

福島藩領二〇カ村の十七世紀初頭時と宝永七年（一七一〇）の村高と年貢率は二割六分五厘五毛から四割七分八厘六毛へと二倍近い高率となっている。

こうした状況の中で幕府の享保の改革は行われた。十八世紀前半の信達地方は領主による増税等激しい収奪に苦しむが、その前兆は堀田氏時代からあった。

古河から福島への転封となった堀田氏は、古河時代から財政難に喘いでいたが、生産力が上昇したとはいえ、五割に満たない年貢率の福島への転封は、実質減封であり、家臣団への減給、人員整理（召し放ち）だけでは財政が廻らなくなり、あらゆる財源に対して統制を強化し、そこからの収益を増大させる施策をとった。

絹織物については、元禄元年（一六八八）に絹改役を設け、荒川兵蔵《あらかわへいぞう》・塩谷《しおや》小太夫《しょうだゆう》を絹改役に任命し、城下から売り出す絹織物は両人から改印を受けること。改印を受ける場合役銭を支払うことになっていた。本多氏時代の福島城下の市の品目に表れていなかった絹織物がここで出てきたことは一つ注目すべきことではある。

漆実の専売的買上げも行っている。一升一三文の買上げ価格は農民にとっては苦しいものであった。この他、漁業税ともいうべき川役の設置や酒運上制度、飯坂・土湯《つちゆ》・高湯《たかゆ》・微湯《ぬるゆ》への運上金を課すなど日常生活の隅々まで諸税を課しており、一方で文人藩主の異名をとった堀田正虎であったが、苛政《かせい》を恣《ほしいまま》にした大名でもあった。

## 享保の改革と享保の信達大一揆

江戸時代、享保・寛政・天保期に行われた幕府の政策が三大改革といわれ、中学校の歴史の時間でも学習するが、善政の見本のようなイメージが持たれている。しかし、この改革政治は、あくまでも幕府の財政建て直し策であり、幕府財政の基本は年貢収入であるから、質素倹約の励行により支出を抑えたとしても、その政策の基本は年貢増徴策となり、それは人口の八〇パーセントを占める農民にとっては悪政中の悪政であった。

寛政の改革でも天保の改革でも手本・理想とされたのは享保の改革である。十七世紀後半の寛文・延宝期に幕藩体制が確立するが、華やかな元禄期（一六八八〜一七〇四）から幕府財政は赤字となっていく。

そこで登場する八代将軍吉宗の享保の改革では、安定して高収入をあげるため、定免法が採用された。

八代将軍吉宗が将軍職に就いた享保元年（一七一六）、信達地方には私領では福島藩三万石、桑折藩二万石、梁川藩三万石があり、その他九三カ村、高九万四千五百四十石は幕領であり、岡村（伊達市長岡）に代官所を置き支配していた。享保五年、岡村代官所支配地は三分割され、岡代官所、本内代官所、大森代官所で支配するところとなったが、同七年には大森代官所が一時廃され川俣代官所の支配となり岡田俊陳が支配することとなったが、同年川俣代官岡田俊陳は再び大森代官所を開設して兼務することとした。岡田は、川俣代官所附三三カ村、大森代官所附四一カ村、合わせて七四カ村、高七万三千余石を支配することとなった。

代官職に就くのは旗本クラスの幕府役人で、岡田俊陳は、川俣代官所に赴任することなく、江戸に残って執務を執行し、川俣、大森の現地では手代クラスが年貢収納などの実務にあたった。財政建て直しを旗印に改革政治をしている時期の代官は、幕府に忠実であればあるほど年貢増徴策にはしった。しかも、江戸にい

徳川吉宗画像
（東京大学史料編纂所蔵模本）

て、現地の実状を知らずにする指示は妥協を許さない強いものになっていった。

享保十一年代官岡田庄太夫俊陳が亡くなり、その子俊惟が庄太夫を襲名して代官の任に就いた。

享保十三年、享保六年からの七年間のうち、不作であった同六年・八年を除いた豊作年五カ年の平均年貢率に五厘高率となって今後十年間の定免となった。定免制では、施行以前数年間の平均作柄を見立てて税率が決められるが、その場合不作・凶作の年の作を除いた平均となり、農民にとっては著しく不利なものであった。

そして享保十三年は長雨が続いたのに加え、八月には暴風雨による洪水で田畑が押し流されるという被害が出た。農民たちは不作の状況、洪水による田畑の現状視察など定免ではなく検見による課税を願い出た。しかし定免の変更は認められない、という回答の上、「暴風雨により田畑が押し流され、田に砂が流入した事実はありません」という証文を無理強いされるという結果であった。その上、厳しく年貢納入を督促され、十二月には各村に対して村高の一割の籾を凶作に備えて貯えておく置籾を厳しく命じたが、翌十四年二月、その置籾の半分を上納するようにとの達しが出た。これは実質的な五パーセントの増税であった。農民たちは村役人を中心に川俣・大森の代官所に何度か、夫食（飯米）と来年度の植え付け用種籾の拝借と年貢減免の願いを出したが、岡田代官不在の代官所の手代たちは農民たちがこうした願い出をすることを嫌い、二度とこうした願いをしない誓約書を出させる始末であった。

こうして川俣・大森代官所支配の七四カ村の農民たちは、立子山村組頭小左衛門、百姓忠次郎を中心に今後の行動を話し合い、享保十四年三月七日、大森代官所支配の農民二〇〇〇人が大森代官所に詰めかけ、「種籾や食料米をお借りしたい」という願いである種籾夫食拝借、年貢減免の強訴をした。これに対して大森代官所手代木南浅野右衛門は「食い物がない者は、藁に粉糠を入れて食べれば当分は生き延びられる。特に老人・子どもは何の役にも立たない者であるので、餓死しても誰も困らない。今後再びこのような訴えを起こしたら死刑にするぞ」と脅して農民たちを村に帰らせた。

翌三月八日、代官所に訴えても埒が明かないと農民たちは須川を渡って福島城下に入り、福島城裏門前に詰めかけ、福島藩に訴えを起こした。訴えは、大森代官所にお願いしたが全くとりあげてもらえなかったので、福島郡代にお願いすることにしたこと、幕領に比べて福島藩の年貢率は一割五・六分も低く、また同藩は去年の凶作の際も検見の上、相応の年貢引き下げをしていること、などを列挙し、福島藩主の慈悲にすがりたいと願い出たのであった。訴えられた福島藩も幕領での出来事に下手な介入はできず、困った、というのが本音で、強訴・越訴は御法度であるから村に帰るように説得するのが精一杯であった。説得されても農民たちは村に帰るわけにもいかず、城下町には一三〇〇人余の農民たちが奥州街道の道端にあふれた。困った福島藩は評議を重ね、十四日、信夫山の麓に小屋を掛け粥を施すなどの世話をする一方、江戸表へ係を派遣し注進した。報を受けた幕府は代官元締貴志幸右衛門を派遣し、貴志は十七日、福島に到着、文書で城下に終結している農民たちを村に追い返すよう申し入れたが、福島藩は藩主が大坂加番勤務中で不在であるので、藩主に伺いその返事次第で回答する旨を返答し、貴志幸右衛門は十九日江戸に戻らざるを得なかった。

川俣代官所支配の農民たちは、小綱木村の春日神社に終結し、三月十八日、大森代官所支配の農民たちと同様に、種籾・夫食拝借、年貢減免の願いを川俣代官所に差し出したが、大森代官所での出来事の報告を受けていた代官所手代安藤郡助は「善処を約束するので、二本松城下への越訴はやめるように」なだめたが、翌十九日、川俣代官所支配の村のうち、一六カ村の代表約四百人が二本松城に駆け込み越訴を行った。

こうした状況のもと、幕府は、三月二十三日、老中酒井讃岐守名の下知状を福島藩江戸藩邸に出し、農民を城下から退去させるよう申し入れた。

老中からの申し入れを受けた福島・二本松両藩は、二十八日から農民たちに村に帰るよう説得が始まった。農民たちは、自分たちの訴えが老中まで届いたことで、「有難いことで、近々お救いの下知があるだろう」と喜びながら村々へ帰った。

## 弾圧の嵐

農民が村に帰った信達幕領に静けさが戻った。しかし、それは嵐の前の静けさだった。幕府の要請を受け、四周の各藩は兵を出して藩境を固めた。すなわち、二本松藩は安達・信夫の郡境を、相馬藩は相馬・伊達の郡境を、仙台藩は伊達藩と伊達郡の境を、米沢藩は米沢と信達の境を固め、越訴・強訴を二度とさせないよう、蟻をも通さない布陣を敷いた。そんな中、四月四日、代官岡田庄太夫は二本松藩兵に警固されて大森代官所に到着し、今回の強訴騒動の首謀者捜しを始めた。つまり農民を一人ずつ呼び出し、ある時は牢屋に入れ、ある時は拷問にかけて厳しい詮議を行った。この事情聴取は、半年間にも及び、同年閏九月二十一日、幕府は江戸評定所において、「奥州信夫伊達両郡村々強訴致し候百姓御仕置」として判決を言い渡した。

合計八七人に及ぶお仕置きであった。

## 信達義民伝説の継承と新たな始まり

追放刑を受けた佐原村太郎右衛門はひそかに福島を脱出して江戸に登り、江戸

**信夫伊達両郡強訴仕置**

| | |
|---|---|
| 死罪獄門 | 立子山村小左衛門、同村忠次郎 |
| 遠島 | 信夫郡関谷村惣左衛門等９人 |
| 田畑家財取上所払 | 伊達郡飯野村宇平次等５人 |
| 田畑取上所払 | 信夫郡関谷村武兵衛等14人 |
| 所払 | 信夫郡天明根村佐兵衛等５人 |
| 役儀取上70日戸締 | 信夫郡鼓岡村善八等10人 |
| 70日戸締 | 伊達郡飯野村十右衛門等11人 |
| 過料之上70日戸締 | 伊達郡小神村三右衛門 |
| 50日戸締 | 伊達郡大窪村太次兵衛28人 |
| 叱り | 伊達郡大窪村安兵衛悴宇太郎 |
| 追放 | 信夫郡佐原村太郎右衛門 |
| 田畑ばかり取上 | 伊達郡飯野村伊左衛門等５人 |

馬喰町二丁目白子屋文左衛門方に宿を取り、直訴注進状をしたためた。注進状は「恐れながら書き付けをもって注進奉り候」という七カ条に及び享保十三年（一七二八）の長雨・暴風雨下の村の状況、岡田代官の苛政や農民たちの訴えと代官の回答、福島城下へ繰り出して越訴したこと、一揆の後の岡田代官の厳しい取り調べの様子などを詳細に綴ったもので、この注進状を佐原村注進人太郎右衛門、白子屋江戸宿文左右衛門の連名で目安箱に投げ入れた。その後太郎右衛門は役人の追っ手を遁れて潜んでいたが、白子屋で捕縛され、福島に連行されて佐原村荒田口で死罪獄門に処せられた。処刑された場所には後に「義民終焉之碑」が建てられ、その近在には義民堂が建てられ木造太郎右衛門木像が収められている。これらは明治末から昭和初期に建てられたものだが、幕藩体制下において、幕藩の圧政に苦しむ農民たちの間で、農民のために犠牲となった一揆指導者を〝義民〟として顕彰し、語り継がれてきた伝統があったからであろう。

　この享保の信達大一揆の中心となった立子山村小左衛門と忠次郎は立子山の疣《いぼ》石《いし》峠で死罪獄門に処せられた。疣石峠には枝振りのより笠松があり、その下に両名のさらし首があったと伝えられ、地元では「疣石峠に登るとバチが当たる」とか「疣石峠に登ると雨が降る」と言って近寄るのを恐れる風潮が広まり、義民伝説は伝わらなかったが、戦後地元の郷土史家鈴木俊夫氏の長年の研究成果が『疣石峠の話』として刊行されて以来、小左衛門・忠次郎を義民として伝えていこうという動きが実を結び、「立子山義民顕彰事業実行委員会」が設立され、義民顕彰碑の建立、義民顕彰歌「あゝ義民」の発表、八丈島・三宅島遠島流罪となった伊三郎・市之丞墓参、義民太郎右衛門の佐原地区との交流など義民顕彰、新たな歴史の掘り起こし活動が展開されているのは地域史の継承と活用の点からも興味深い活動として注目されている。

川俣代官所岡田庄太夫代官の苛政に対する農民たちの強訴・越訴は享保の信達大一揆と名付けられているが、百人近い犠牲者を出して一応収束、享保十五年六月、結果代官岡田庄太夫は代官を罷免され、大森代官所付き三七カ村、川俣代官所付き一四カ村は二本松藩預かりとなった（寛保二年（一七四二）に幕府直支配に戻る）。

この結果は、直接的には農民たちの敗北のように見えるが、その後も種籾・夫食拝借要求が続く状況に、幕府は諸代官にこれらの対応策を諮問し、その結果享保十九年に次の二点について政策を改めた。

○定免年季内であっても、三割以上の損耗（減収）があった場合には年貢減免を認めること。

○年貢率が不当に高い場所はこれを引き下げること。

多くの犠牲者を出したこの一揆は、こうした結果を引き出すことができ、また二本松藩預かりとなった村々で、享保十七年・十八年の不作の際は二割から四割

義民太郎右衛門終焉の地碑

の減税が認められ、「丹羽様（二本松藩主）の御仁政」を引き出すことができたのも一揆闘争での成果ということができる。

## 福島三万石一揆

延享元年（一七四四）十一月福島藩から年貢について七カ年定免二分増しの申し渡しがあり、それに対して減免要求をした。そして、藩から正式な年貢割符状が出されなかったことに不審に思った農民たちは、藩に対して正式に訴えようと話し合いをしていたが、その動きを察した本陣黒沢六郎兵衛が藩に訴えたため、藩は農民たちを不要な動きをやめるよう説得し、農民たちの運動は一旦挫折したかのように思われた。

農民たちは藩に通報した黒沢六郎兵衛宅など町役人や特権商人四軒と大笹生《おおざそう》の源右衛門宅を打ちこわし、訴状を藩に提出した。信達地方で初めての打ちこわし騒動があった。

二月に藩に提出した訴状から、農民たちが新たな戦い方を学び闘争に活かしたことがわかる。

信達地方は、幕領・大名領（この時期は、福島藩三万石のうち二万六千余石、桑折藩二万石、白河藩分領二万余石）とが入り混じる分割支配であり、隣村との支配の違いは年貢率、不作年の減免のあり方、種籾・夫食拝借願いに対する対応の違い等に表れ、農民たちは敏感に比べながら領主へ願い、訴え、ある時には直接行動に出た。

福島藩領二九カ村惣百姓の名で出された訴状には、近年幕領では作柄が四割以上減収の時には年貢を四割以上の減免を認め、また半石半永の永納（銭納）についても低率での永納を認めているので何とか生活ができていることを述べている。直接板倉氏支配への不満は述べていないが、隣村との比較で現状解決を訴え出ている。

また領主の変更による不利益をも述べている。つまり、城普請や参勤交代等大名荷物の運送等の負担について、堀田氏支配時代の十万石相当の割当がされており、板倉氏支配二万石（二万六千余石のうち、城下分約五千石は免除）にかかってくるので負担が大きいので、そもそもの負担を二万石相当にしていただきたいという願いである。

訴状では、こうした身近な例を出した後で新たな減免要求を出し、その後で本陣黒沢六郎兵衛等の罪状を列挙しているのである。

不正を訴えられた五人で

○本町本陣黒沢六郎兵衛★1

○飛脚問屋上州屋伝右衛門★2

▼1
- 昨年賦課された御用金は農民の迷惑を省みず六郎兵衛が提案したもの
- 大波村の藩有林の伐採の際、木材の運搬に農民を不正に使用
- 参勤交代等の大名荷物の運搬に農民を過重に使用

▼2
- 五十辺村の川原に新屋敷を建て、秣（まぐさ）・刈敷（かりしき）等入会権（共同利用の地を利用する権利）を無にしたこと
- 商売で請け負った大波村藩有林の伐採・運搬を農民を使用
- 金山堀子・大工を安い賃金で働かせたこと

○穀屋治兵衛★3
○北南町利右衛門★4
○大笹生村源右衛門★5

藩からの特権を悪用している五人について訴え、各宅について打ちこわしをかけた。大笹生は幕領の上大笹生村《かみおおざそう》と福島藩支配の町大笹生村には金山があり、そこについて特権を付与されていた源右衛門と城下町の町役人及び特権商人の目に余る所業・不正がひいては農民にかかる迷惑に対して立ち上がった事件であった。

この事件に対する藩の対応は、定免は停止し、検見の上、延享元年（一七四四）の年貢率は藩からの達しでは、二分増であったのを三厘増にするというもので、藩の面目上増免を減免にはできないが実質増免なしの言い渡しとなり、農民の処罰も、城下町に終結し打ちこわしを行ったことは不届きであり、各村の名主、百姓代を三十日間の閉門とするもので、城下町で打ちこわしを行った行動に対する処罰としては軽いものであった。また打ちこわしにあった五人に対しては、「それぞれに対して銘々に仰せ付けられた」とある。具体的な処罰は明記されていないが、打ちこわしを行ったものと同じ三十日間の閉門だったと思われる。

## 寛延二年の惣百姓一揆

▼3
・払い米三五俵を買い占めたこと
・年貢米の納入について、減米二升を含め一俵四斗二升入りのところ、四斗三升入りで納めさせたこと
・二本松米の購入に際し、農民に伝馬で運搬させたこと

▼4
・漆木苗の不正植林のこと

▼5
・藩有林の木材売買に関する不正
・金山経営については藩がよく理解できないことをいいことに堀子の飯米や木挽き者に掘らせたり、八人扶持の扶持給等を私していること
・禁止されている三笠附（★）など賭博を興業していること

▼三笠附
俳諧を利用した賭博。初めは前句付で点数を競ったが、次第に射幸心をあおる単純な数字当て賭博となり禁止された。

寛延二年（一七四九）この年三月から五月まで旱魃が続き、田植えができない状況が続いた。そして土用入りの後は一転して長雨が続いた。出穂の時期になって「冷気強く、毎日雨、北風」が吹いた。ヤマセである。秋になっても稲は青立ちの状況であり、穂に実は入っていなかった。

年貢納入の期限である十二月、年貢減免の願いが叶えられなかった県内各地で農民の一揆の嵐が連鎖反応のように吹き荒れた。

十二月十日幕領桑折代官所、十二日三春藩、十四日二本松藩、二十一日会津藩、二十四日守山藩、二十七日幕領塙《はなわ》代官所と中通り、会津のほぼ全域で農民たちは立ち上がった。

その発端は信達地方で起こった。信達地方は、幕領、大名領、大名領の分領などが入り混じった分割支配の地で、福島藩をはじめ、梁川藩、宇都宮藩下村分領（戸田氏）、白河藩分領（久松松平氏）、関宿《せきやど》藩前田分領などの大名領では、廻米をせずに地元で払い下げられたため、餓死する人もなかったといわれたが、幕領ではそうはいかなかった。

寛延二年秋、神山三郎左衛門が代官に就任し、これまで岡村にあった代官所を桑折村に移し、これまでの岡代官所支配の三二カ村と佐渡奉行支配下にあった半田銀山関係一二カ村、桑折藩支配下の五カ村を併せて四九カ村を支配することになり、周辺大名領では年貢減免や飯米の払い下げをしていたこの時期に二分五厘増の年貢を課した。

これに驚いた幕領の農民は、わらだ廻状を村々に廻し、宮代《みやしろ》村山王社《さんのうしゃ》に集まるよう檄を飛ばした。〝わらだ〟とは、蚕を飼育する時に用いる円形の平状藁座で、首謀村をわからなくするため各村名を円形状に書き連ねた廻状である。読んだら自分村に針を刺して穴を開けて隣村に廻すように、廻さずぐずぐずする村は焼き払うという檄を飛ばした。

農民たちはひそかに宮代山王社に終結した。首謀者の一人、斎藤彦内《さいとうひこない》は大声で農民たちに次のように呼びかけた。「言われたように年貢を上納するか、それとも、一命を賭けて戦うか」。この呼びかけに大笹生村源五郎が応えた。「私は大笹生村の二十五石所持の源五郎で、子ども五人に妻、老母があるが、田の稲はすべて青立ち（成熟せず青いまま立っていること）で、一粒も実りません。それなのに、昨年から二分五厘もの増免（年貢率を増すこと）を命じられ、どうやって上納できましょうや。どうやって妻子老母を養うことができましょうや。妻子を見殺しにはできません。強く減免を願いましょう。それが叶わないなら、神山三郎左衛門の肉を喰らって死出の道連れにしましょう」と。

こうして農民たちは、

①年貢納入は三カ年猶予し、四年目から十年賦で納める。
②桑折・福島の十月の平均値段より一両に付き二斗安代金納とすること。

③今年の年貢分はすべて代金納としてほしい。

の要求を掲げ、桑折代官所に押しかけた。彦名等は代官に面会を求めたが、出てきた手代土屋《つちや》恵助《けいすけ》は代官は不在で、自分が一命を以て取り計らうからと約束し、農民たちを帰らした。しかし、手代が幕府に農民の要求を伝えた様子はなく、十二月十日、農民たちは

①五分の減免、②不熟米安値段で来年まで納入延期、③手代土屋恵助の引き渡し、を要求して代官所を襲った。神山代官は江戸へ逃れるとともに、隣藩の仙台藩と福島藩へ援軍を要請した。要請を受け、福島藩は十三日の昼に援軍を派遣、十四日には白石兵が五〇〇人ほど代官所に到着、また白石から越河まで七〇〇人ほどの兵を後詰めとして備えさせ、十五日には仙台から二三〇名ほどの兵が到着した。普段一〇人ほどの武士しかいない代官所の防備を万全なものとして、十六日から一揆の首謀者捜しの吟味が始まった。福島藩・仙台藩からの派遣兵は翌寛延三年正月まで桑折に駐留し、厳重な探索を行った。そして寛延三年七月十七日朝、江戸から仕置の判決文が届いた。

獄門　長倉村　彦内

**寛延惣百姓一揆の展開**

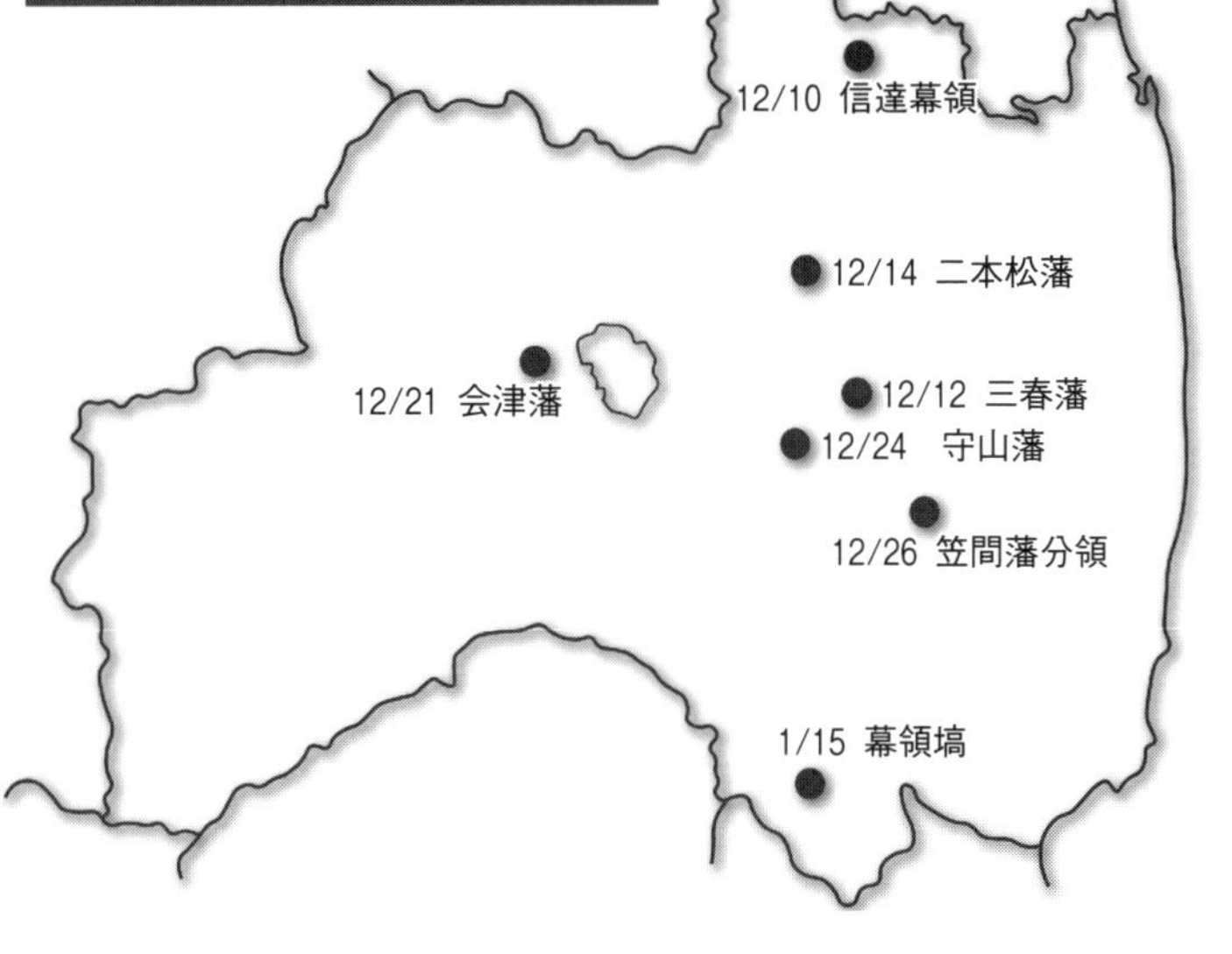

牢前にて切り捨て、
　闕所　伊達崎村　半左衛門
同　同　鎌田村　源七
追放　闕所　宮代村　次右衛門
同　同　大笹生村　長三郎（檄演説の源五郎か）

# ⑤福島藩の学問と文化

和算の応用である測量術は暴れ川の多い福島盆地の農民にとって、治水のために必要な学問であり、そのため多くの優秀な和算家が生まれた。当地方の社寺には奉納された多くの算額が残っており、和算家の顕彰碑もあちこちに見られる。

## 藩校講学所

文化十二年（一八一五）勝長の跡を継いだ勝俊は、積極的に文武を奨励した。藩校講学所の設置は文政年間（一八一八〜一八三〇）、仙台藩の儒者高橋秀雄を徒士格で召し抱え（後に仲小姓格）、藩士の子弟を教育する学問教頭を命じた。講学所は福島城の南西の隅にあって使っていなかった外役所を充て、後に城内北西隅の練兵場隣の兵学所に移した。

講学所には高橋秀雄教頭以下、学頭と世話人二人を藩士から選び、その下に徒士格から教員として下役を選任し、また優等生から三、四人を助教とした。

授業は毎日五つ時（午前八時）から四つ半時（午前十一時）まであり、四と九の付く日には講義があった。目付臨席の上、学術試験があり、その結果で等級を定めた。等級は第一を斎長といい、それから一等生から五等生まで分かれていた。

毎年二月と八月には殿中溜ノ間《でんちゅうたまりのま》において僧侶による講義があり、生徒は御霊社に参拝をして御神酒が振る舞われた。藩主の臨席のもと生徒の素読があり、褒賞されることがあった。

高橋家は秀雄の長男祐雄《まさお》も教頭となったが、戊辰戦争後には藩主が謝罪降伏のため二本松を訪れた時随行し、謝罪文を起草している。その子喜六郎も講学所世話係となっている。

## 福島の和算

洋算《ようさん》（西洋の数学）に対して、江戸時代の初めに日本で成立した伝統的な数学を和算《わさん》という。和算は〝読み・書き・そろばん〟の寺子屋教育により日本の隅々まで普及していくと同時に、高度に発達し、元禄期に〝算聖〟といわれる関孝和★が現れ、同じ時期に活躍するドイツの数学者ライプニッツやイギリスのニュートンと肩を並べるほどの高度な数学を展開した。和算の特徴として新しい問題を算額に書いて寺社に奉納したことにある。福島県は現存する算額の数が日本で一、二を争うほどで、福島市域には一九枚の算額が現存しているが、これは県内最多である。これは和算が広く普及していたこと、また優秀な算学者が輩出したこと

関孝和画像
（一関市博物館蔵）

▼関孝和
寛永十四年頃（一六三七頃）～宝永五年（一七〇八）。江戸時代前期の和算家。日本独自の和算文化を世界水準にまで引き上げた。近世最高の和算家。彼を祖とする関流和算派は、明治初期まで最大派閥であり、日本和算界の中心にあった。著書に『発微算法』がある。

を示すものである。

福島県域では最上流《さいじょうりゅう》和算《わさん》が発達した。この派は山形出身の和算家会田《あいだ》安明《やすあき》が創始した和算で、その弟子渡辺一《わたなべかず》は、土湯出身で後に二本松藩に仕え、多くの門弟を育てた。中でも佐久間庸軒《さくまようけん》（福島県田村市船引町出身）は幕末から明治にかけて門弟二〇〇〇人といわれ、万世大路★や安積疏水★の測量などで活躍する技師を育てた。

福島市松川町金沢出身の丹治重治は渡辺一の孫弟子で、明斎と号した。昼は農業をしながら毎夕往復三二キロメートルの道を歩いて二本松の宍戸政彝《まさつね》のもとに通い苦学しながら最上流宗統四伝《そうとうしでん》（四代目の免許皆伝者）となっている。多くの門弟を持ち、福島稲荷神社境内の県庁通り側に「明斎先生碑」が建立されている。

佐藤元龍《さとうげんりゅう》は荒井出身（福島市西地区）で、佐久間庸軒の門下に入り、免許皆伝を授けられた。元龍は方陣算《ほうじんさん》★にすぐれ『算法方陣術』の著書があり、そこには一五方陣まで記されている。漢学にもすぐれ、医業も営み、初代荒井小学校長として地域の教育に尽力した。

河野松右衛門は飯野出身で、地元の和算教師に習った後、佐久間庸軒に入門し、明治二十三年（一八九〇）に最上流免許皆伝となり、庸軒の高弟三三人の一人に数えられている。松右衛門は地元飯野で和算を教授し、一〇〇人を超える門人がいた。

**▼万世大路**
明治十四年（一八八一）に完成した福島と米沢を結ぶ幹線道路（現国道一三号）。栗子トンネルが掘られ馬車が通れるようになった。命名は明治天皇。

**▼安積疏水**
安積原野（郡山盆地）開拓のため猪苗代湖の水を東流させた用水路。内務省主導の内国開拓第一号として起工。幹線水路五二キロメートル、明治十五年（一八八二）秋竣工。郡山市発展の基礎となった。

**▼方陣算**
碁石などを正方形に並べると、一辺に並ぶ数やまわりに並ぶ数、全体の数など一定の法則がある。これを利用して解く問題のこと。

## 農民と和算

江戸時代の年貢諸役は複雑である。年貢は十月に代官所や藩から年貢割付状がくる。領主からは、村が領主に納める総額が項目ごとに書かれており、それを個別の農民にどのように割り当てるかは村に任される。福島藩では基本年貢は半石半永制度により、米と銭で支払われる。そのほかに付加税や諸役があるものは米で、あるものは銭での支払いを求められる。そのほか、村でかかった経費、祭礼費用や裁判費用、領主への接待費用などを費目により持ち高に比例したり、家ごとに同額を求めたりと複雑な計算をして各農家に割り当てなければならない。それらは村方三役と呼ばれる名主・組頭・百姓代の責任で行うが、納める農民も村役人に不正がないかどうかをしっかりと監視している。その上、金貨—銀貨—銭との間は変動相場制がしかれているので、例えば、金二朱と永三五〇文を求められた時、時々の銭相場との関係も考慮しなければならない。だから、割り当ての作業は、高度で正確な計算能力が求められるのである。農民側も、時の銭相場には敏感であり、金貨と銭、銀貨と銭の両替計算を瞬時にできないとごまかされてしまう。だから、寺子屋では「読み、書き、そろばん」が必須授業となっていた。測量に関する知識も必要であった。新田開発でできた新しい田畑を藩が検地をす

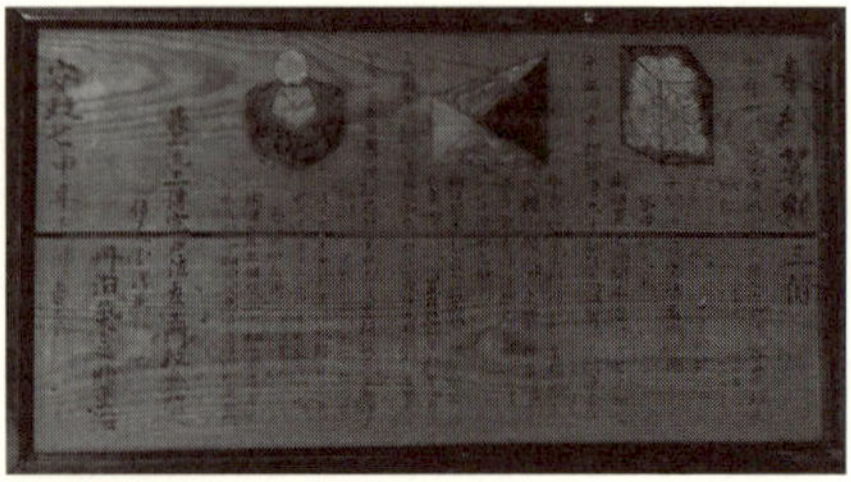

黒沼神社算額

丹治明斎頌徳碑

る時にも、測量等に不正がないかどうか、大きめに算定されていないかどうか、農民たちも見極める〝学力〟を身に付けておく必要があったのである。

近世の最初と近代の最初に大型の土木工事が、ここ、信達の地で行われた。前者は前述の西根堰工事であり、後者は明治十四年（一八八一）に開通した万世大路である。ともに精密な測量技術を必要とされた。二つの工事の間にも、大小の土木工事があり、測量技術の需要は絶え間なくあった。寺子屋で和算を習い、少し才能があると見込まれる少年は和算家の塾へ行き高度な和算や測量術を習った。それは、農民が新たな人生を始める好機となる可能性を秘めていたからであった。

これも福島

# 蚕の神様

三万石の城下町福島が十万余石の二本松を差し置いて県都となったのは、その経済力にあった。そしてその経済力の礎となったのは、蚕糸業であった。東北で最初の日本銀行支店（当初は出張所）が置かれ、日本で六番目の国立銀行が創業したのも、蚕糸業がもたらす金融力にあった。

養蚕農家にとって蚕は「お蚕さま」であった。それ故、農家にとって「蚕の神様」に手を合わせ、また「お蚕さま」の天敵であるネズミや蟻を退治してくれる猫や蛇を神として敬った。

蚕の神様には幾つかのパターンがある。

その一　「神像」

伊達市梁川町新田の洞雲寺の蚕神像。右手に掃き立て用羽箒を持つのは蚕種紙の産地の故であろう。

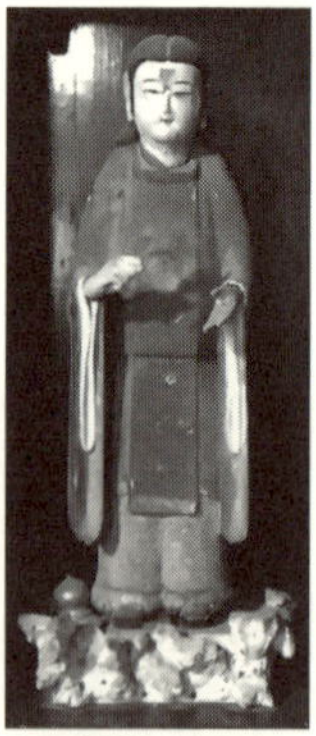

御蚕神様（洞雲寺）

その二　蛇絵馬

蚕の一番の天敵はネズミである。だから、ネズミを食する蛇は養蚕農家にとってありがたい存在で、近くの神社仏閣に蛇の絵を描いて絵馬を奉納する。

下の巨大な蛇の額は福島市平野の東屋沼神社に奉納された松ぼっくりで作られた蛇模型が貼り付けられた額である。

東屋沼神社まつぼり蛇絵馬

その三　蟻除け

蟻もまた蚕の天敵である。福島市丸子の蟻除け地蔵尊。

蟻除け地蔵

南矢野目地蔵庵蟻除庵札

お札は南矢野目地蔵庵発行のもの。「壁」は蟻。

その四　猫稲荷

写真は信夫山の六供集落にある猫稲荷。猫もネズミを捕る動物で、福島市内には数ヶ所猫稲荷社がある。

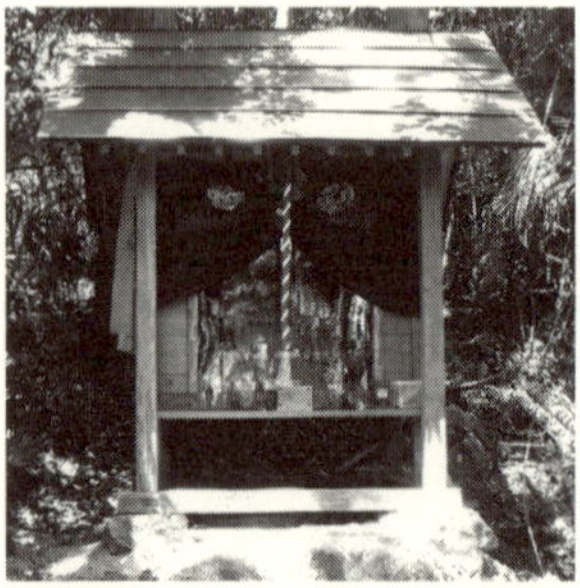

猫稲荷

# 第五章 蚕糸業の発達と城下町福島の賑わい

信達地方のすぐれた生糸や蚕卵を求めて全国から商人が集まり、城下町は賑わった。

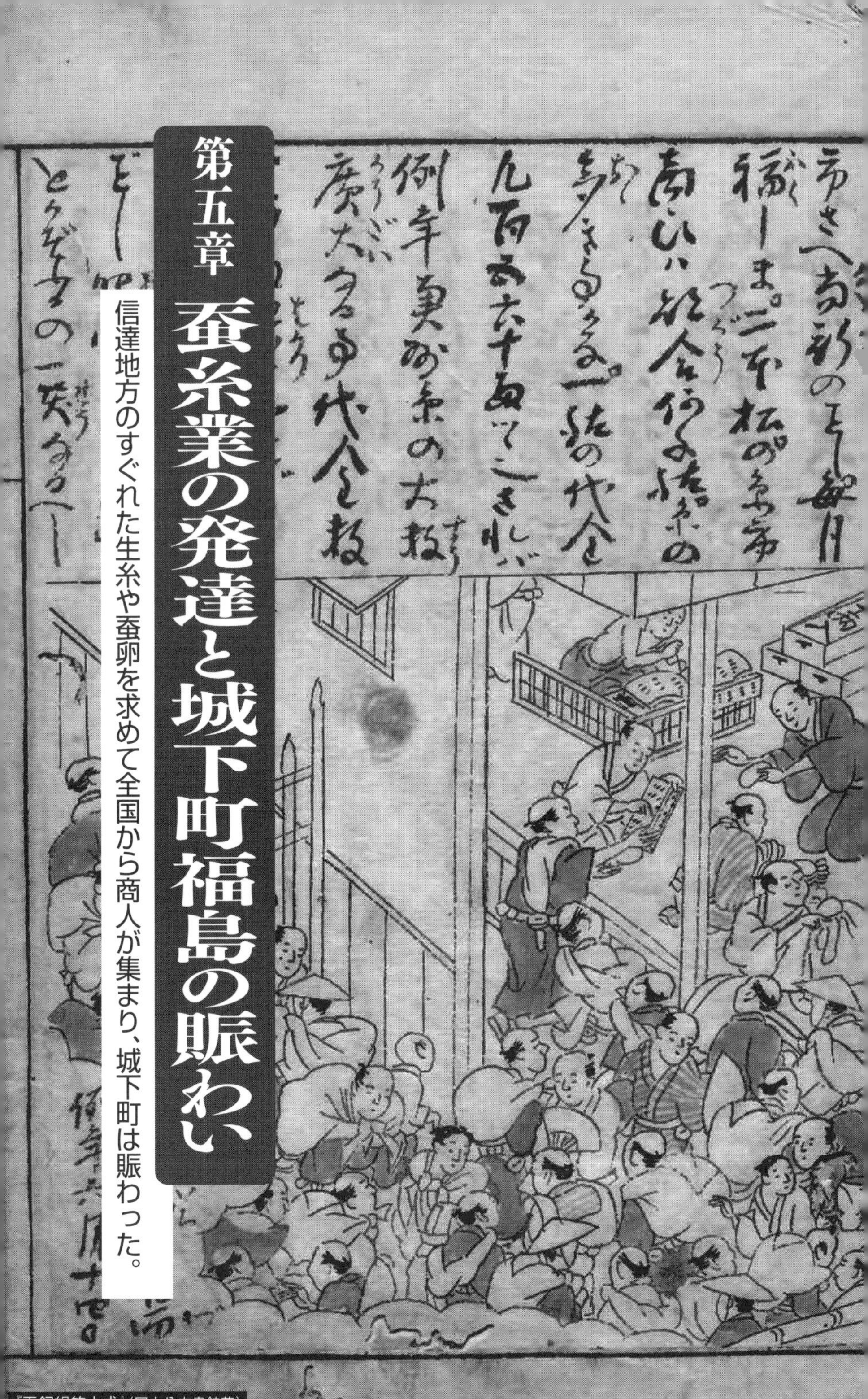

『蚕飼絹篩大成』(国立公文書館蔵)

# ①オカイコ様が信達地方に巨万の富をもたらした

蚕糸業は蚕種業—養蚕業—製糸業—絹織物業からなる。
信達地方は自然条件・歴史的条件に恵まれ、各業による地域的分業が発達。
全国の生糸の相場を決定し、開港後は日本の花形産業に成長した。

## 阿武隈の水、吾妻の風

蚕糸業は信達地方の繁栄の礎となる産業である。近世以降蚕糸業の先進地方といわれる信州、上州、野州等に比べると西陣のある京都からも遠く地理的に不利な信達がこれらの地域に勝っていくのには、三つの要因で勝っていたと考えられるからである。三つの要因とは

①、自然的要因、②歴史的要因、③蚕糸業における信達の知と技の要因の三つである。

このうち①、自然的要因には二つある。

一つは阿武隈川の水、もう一つは吾妻山★からの風である。

阿武隈川は、信夫郡では阿武隈山地の前山の西縁に沿って流れるが、摺上川と

▼吾妻山
福島市の西部、山形県と福島県会津との境に連なる連峰の総称。『信達一統志』では「東屋（あづまや）嶽（たけ）」とあり、その注に「四阿（あづまや）也、土人吾妻山と唱へり。南北の峯を北家形、南家形と云ふ」とある。北の峯が家形山、南の峯が一切経山を指す。その間にある五色沼を「東屋沼」と称した。連峰の最高峰が西吾妻山で二〇三五メートル。吾妻小富士の残雪は春にウサギの形となり、「種蒔きうさぎ」として市民に親しまれている。

の合流地点から阿武隈山地の前山が途切れ、広い盆地に出る。そのため川は大きく蛇行をし始め、氾濫を繰り返して豊かな栄養分をまき散らしていった。そのため、栄養たっぷりとなった土壌の氾濫原が桑の生育を促し、滋養豊富な桑の葉を蚕に供給することができるようになった。

安永二年（一七七三）に奥州蚕種本場銘を獲得する八つの村はいずれも伊達郡の阿武隈川★の両岸に位置する村で、この阿武隈川の恵を直に受けた村々である。「エジプトはナイルの賜《たまもの》」ということばがある。それに倣うならば、「信達の賑わいは阿武隈の賜」といえる。

もう一つは、冬期に吾妻山から吹きおろされる吾妻おろしの冷たく乾燥した風である。蚕の病気に蠁蛆病《きょうそびょう》というものがある。これはカイコノウジバエが桑の葉に卵を産み、その葉を食べた蚕の中で孵化したカイコノウジバエの幼虫がやがて蚕から栄養を摂って成長し、羽化する時に繭を食い破って出てくるものである。しかし、吾妻おろしの乾燥した冷たい風はカイコノウジバエの桑の葉への産卵を不可能とするため、信達の蚕は蠁蛆病知らずといわれた。

## 歴史的要因

では、信達の蚕糸業の発達の歴史を見てみよう。蚕糸業は養蚕・製糸業の略で

▼**阿武隈川**
栃木県境の那須連峰三本槍岳の東斜面を水源とし、本県中通りを北上し、宮城県亘理町荒浜で太平洋に注ぐ全長二三九㌔、東北地方では北上川に次ぐ大河。近世文書では「大熊川」「逢隈川」と表記されることが多い。福島市域では、吾妻連峰から東流する急流が注ぎ込み、しばしば氾濫を起こし、「湖水伝説」の原因となった。江戸時代には舟運に利用され、福島藩や米沢藩、幕領の廻米された。

あるが、大きく、蚕の卵を採る蚕種業－蚕を育て繭を作る養蚕業－繭から生糸を取る製糸業－生糸を織って絹織物を作る織物業の四工程に分かれる（ただし、江戸時代には養蚕業と製糸業は分業化せず、養蚕農家は女性たちが土間で自家製の繭を座繰器械でひいて製糸業を行ったので、蚕種業－養蚕・製糸業－織物業の三工程であった）。

養蚕・製糸業発展の礎は良い桑の生産にある。前述の自然的要因により滋養たっぷりでカイコノウジバエの卵のない良い桑の葉を食べて育った信達の蚕は、糸量の多い、良質な繭を作り、養蚕農家は優良糸を生産することができた。そのため信達地方では十七世紀後半の寛文期（一六六一～一六七三）から京都西陣への登せ糸★（京都に行く荷は登せ荷、京都から地方へは下り）が始まっていた。

この京都西陣への登せ糸が本格化する一つの契機となったのが新井白石の正徳新例（海舶互市新例）である。正徳五年（一七一五）、幕府は輸入超過による金銀の中国への流出を防ぐため、中国からの白糸の輸入を制限した。当時、高級絹織物に使用する生糸は、蚕糸業の先進国中国からの輸入生糸で賄われていたが、その中国生糸の輸入が制限されたため、京都西陣では国産生糸に切り換える必要に迫られた。これは国内生糸産地にとっては朗報であった。信達でも京への登せ糸の需要が増え、それは優良蚕種生産にもまた繋がった。この頃から蚕種の生産地は下総国結城《ゆうき》、信州そして奥州種の信達が中心となった。

次の転機は元文期（一七三六～一七四一）に訪れた。すなわちこの時期に鬼怒川《きぬがわ》

▼登せ糸
江戸時代、京都西陣に送られた生糸。新井白石の正徳新例により中国からの白糸の輸入が激減すると、国内の生糸山地から京都へ大量の生糸が送られるようになった。

が大洪水となり、全国一を誇っていた下総国結城の蚕種生産がほぼ全滅したのである。これにより信達が優良蚕種生産の第一位の位置を占めるようになった。

このように、幕府の貿易政策の変更と鬼怒川の洪水という天佑に恵まれ、信達地方は日本一の蚕種生産地帯となった。

安永元年（一七七二）の全国の蚕種生産量は蚕種紙で二五万枚ほどであったが、安永三年の信達の生産量は一八万二〇〇〇枚となっており、全国の七割以上を占めるようになっていた。信達地方の全国での蚕種生産の位置を知ることができる。そしてその位置を確定したのが、安永二年の「奥州蚕種本場銘」の獲得である。これは、信達地方で生産した蚕種紙に「奥州蚕種本場」の印を押してそのブランドへの信用を幕府が保証し、その見返りとして蚕種紙一枚ごとの押印に対して冥加永を上納するものであった。幕府による「本場銘」の認定保証は大きな意味を持った。この時「本場村」と認定された村は図の八カ村で、次いで「場脇村」（準本場村）として桑折村など一四カ村が認定され、その周辺に「場脇続き村」（第三ランクの村）として湯野村など一三カ村が位置付けられていた。

なお、天保元年（一八三〇）には、「場脇村」のほとんどが「本場村」に昇格して「本場村」が二五カ村となり、「場脇続き村」が「場脇村」に昇格、「場脇続き村」はなくなっている。

登せ糸の図（『蚕飼絹篩大成』より）
（国立公文書館蔵）

## 天王市の賑わい

本場銘の獲得以後、信達の蚕種、生糸の信用度はますます高くなり、長倉村（現伊達市長岡）の天王市《てんのういち》、保原市、梁川天神市、桑折諏訪市、掛田市など、伊達郡各地で糸市が開かれた。特に天王市は毎年六月十四日に開かれ、この市が信達の生糸市の皮切りで、この市での値段がその年の全国の生糸の価格を決定したといわれるほどの盛況だった。

天王市は、長倉村の牛頭天王社（現八雲神社）の祭日に開催され、全国から生糸商人が買付に集まった。『蚕飼絹篩大成』でこの市について次のように叙述されている。

「奥州福島で毎年初めての生糸を売買する大市が開かれるのは六月十四日である。百姓たちは前日の十三日夜から五～六里もある遠方より糸を持ち寄ってくる。夜の明けるのを待って、午前六時頃から糸市の売買が始まり、午前十時頃までには市は終わる。このわずか二時《ふたとき》（四時間）ほどで糸一〇〇駄前後の現金取引がある。この百駄の糸の目方は三六〇〇貫目ほどである。その代金はおよそ一万五、六〇〇〇両ほどである。ただし、金一両について浜付粉印の糸が約二〇〇匁から二四〇匁で売買される。豊凶によって値段の高低がある。糸の売り手は数千人に

初市の図例年六月十四日（『蚕飼絹篩大成』より／国立公文書館蔵）

もなる。

　ところで、糸の善し悪しを鑑定し、いちいち秤で目方を改め、代金何両何分、銭何百文まで一人一人現金取引で売買し、しかもこのように大規模な市は諸国を見渡しても他には全くないであろう。一日の市でさえこれだけ盛況である。毎月の福島や二本松の糸市の商いでは合わせて何千駄にもなる。何と糸の多いことか。一駄の代金がおよそ一五〇両から一六〇両であることから、毎年奥州で生産される糸の量は莫大であり、その代金も数十万両となり、はかりがたい量である。」

　伊達郡では、この牛頭天王社の祭市を皮切りに、郡内各地で糸市が開かれ、また福島、二本松といった城下町でも売買されおり、全国から生糸商人たちが集まってきた。

**阿武隈川と奥州蚕種本場村**

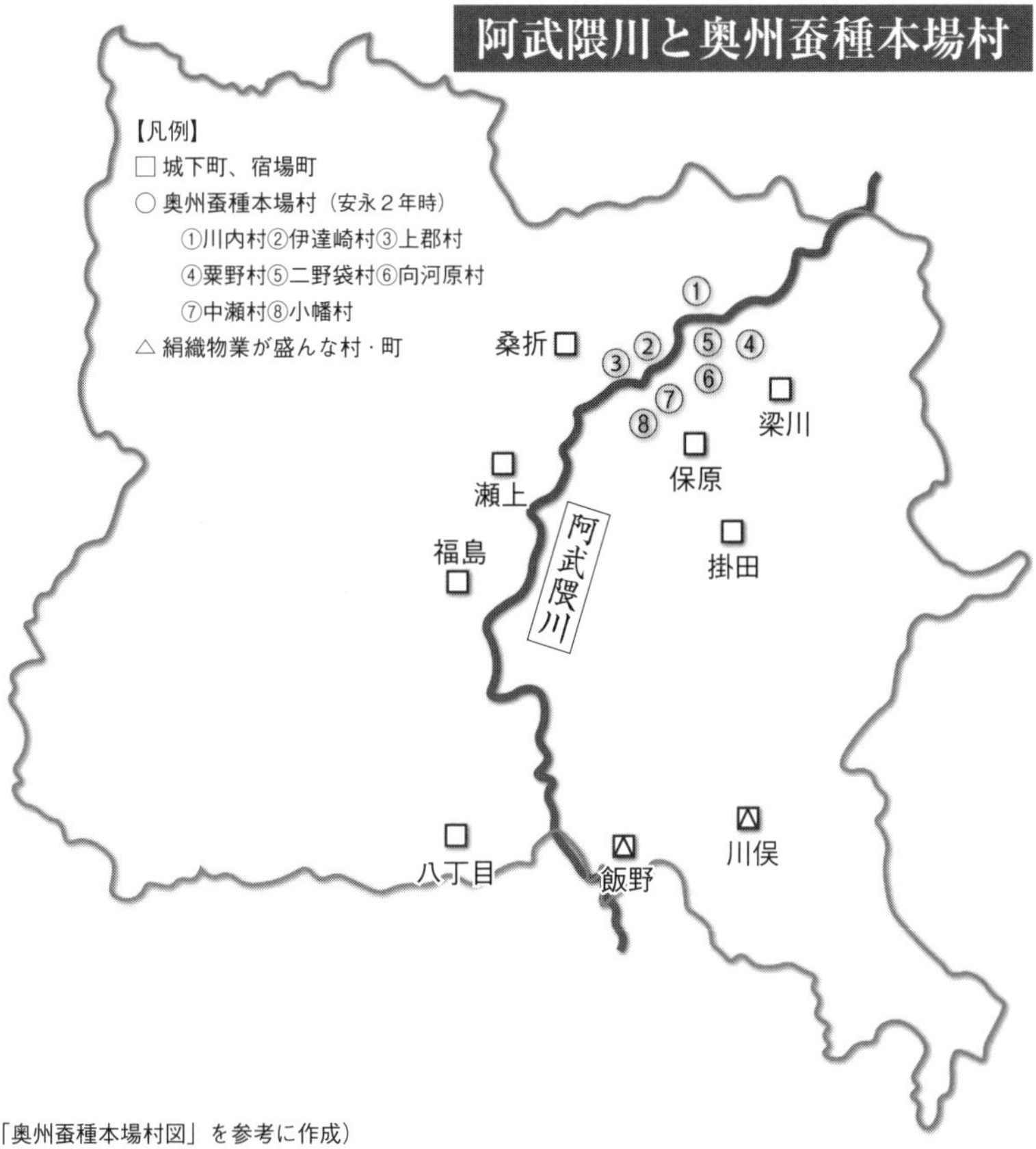


（「奥州蚕種本場村図」を参考に作成）

糸市は近隣の農民たちが自家製の生糸を持ってきて売買しており、農民相手であるから、当然使える貨幣は金貨ではなく、庶民が日常的に使用する銀貨や銭である。これらを現金で持ち歩くのは、物騒であるし、また重くてとても持ち歩くことはできない。

ちなみに、寛永通宝は一枚約三グラムである。江戸時代末の十九世紀半頃、一両は銭六五〇〇文から七〇〇〇文が相場であった。六五〇〇文として、一両を銭で持ち歩くと、三グラム×六五〇〇で約二〇キログラムとなる。上方から生糸商人が一〇〇両分の糸を買付に来たとして、それを農民が要求する銭で持ってくると二トンもの重さになる。一両分であってもとても持ち歩くことのできる重さではない。

そこで生糸商人たちは為替を組んだ。この買い上げる現金を為替で融通してくれるのが飛脚問屋であった。飛脚問屋は現代の業種でいうと、為替業務をする銀行、購入した糸荷を運ぶ運送業、手紙を集配する郵便事業の三つの業種をこなす業者であった。福島城下には全国展開の大手飛脚問屋である嶋屋と京屋の支店があった。例えば京都の生糸問屋が福島に買付に来る時には、京都で為替を組み、紙一枚の為替を持って旅をし、福島の支店で必要な時に現金化することができた。また買い上げた生糸の荷は同じ飛脚問屋に託して京都まで運送してもらうことができた。商いの詳細を京都の店に伝える時には、手紙をその飛脚問屋にお願いすることができたのである。

余談であるが、嶋屋、京屋の飛脚問屋は、福島藩とも密接に結び付き、中央の情勢を藩に伝える役目も果たした。例えば、戊辰戦争の緒戦となった鳥羽伏見の戦いを真っ先に福島城に伝えたのも嶋屋・京屋であった。慶応四年（一八六八）一月三日に始まった鳥羽伏見の戦いは、一月九日には福島城に伝えている。参勤交代での江戸－福島の旅は一週間の旅程であるから、鳥羽伏見の戦いの情報を京都から六日で伝えた飛脚の早便は驚異的な早さであった。

## 開港バブル

嘉永六年（一八五三）のペリー来航後、安政五年（一八五八）に日米修好通商条約が結ばれ、その翌年開港し、欧米との貿易が始まった。

この時期、蚕糸業・絹織物業の最先進地イタリア・フランスでは蚕の病気である微粒子病が蔓延し、蚕糸業は壊滅的打撃を受けていた。そのためフランスのリヨンやイタリアのミラノなどの絹織物工業都市の生糸の需要や蚕が壊滅し蚕種が入手できないフランス・イタリアの養蚕農家からの蚕種の需要が大きなものとなった。慶応元年（一八六五）の輸出品の七九・四パーセントは生糸であり、次いで茶（一〇・五パーセント）、第三位が蚕卵紙（三・九パーセント）が示すように、

オカイコ様が信達地方に巨万の富をもたらした

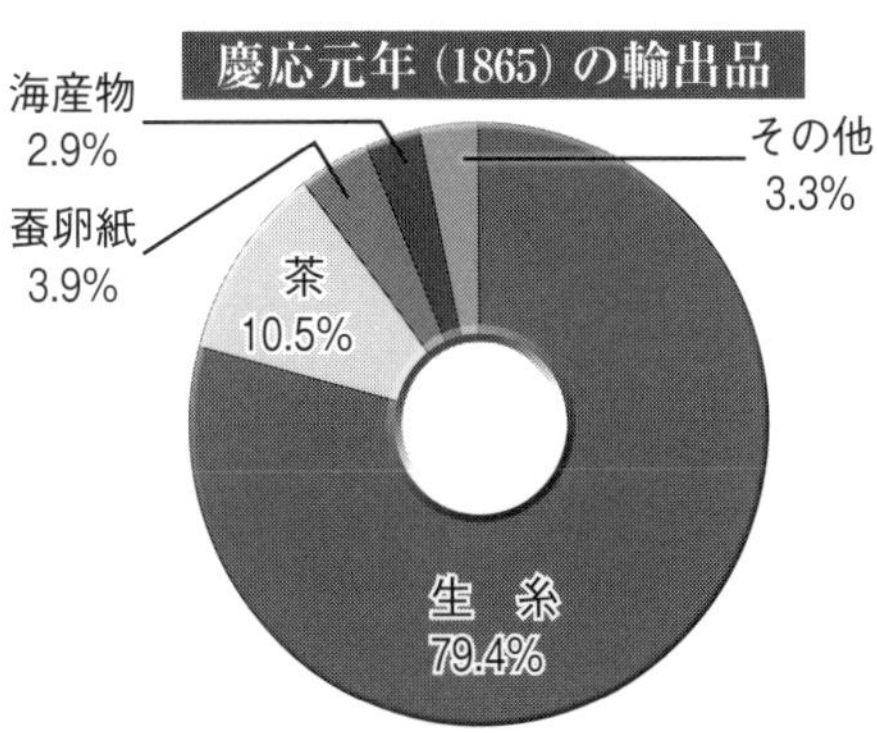

（山川出版社刊『詳説日本史 B』より作図）

生糸や蚕種であれば何でも売れる状況であった。

信達の生糸は一大輸出商品となった。信達地方は、奥州蚕種本場銘を獲得した本場村とその周辺に養蚕地帯（当時は未分離であった生糸生産地帯は重なる）があり、その南部に絹織物業を主とする地域があり、地域分業をなしていた。しかし、開港バブルは、欧米への輸出のため、横浜への生糸の移出を導き、そのため、伊達郡内の絹織物産地川俣や飯野へ生糸が廻らなくなり、川俣・飯野の絹織物の一時的衰退という事態も起こった。伊達郡を見ると、北部東根・西根郷の繁栄と南部小手郷の衰退という両極分解が起こったのである。

また、この時期の開港バブルを示すものに養蚕農家建築法の変化がある。福島市民家園にある養蚕農家小野家住宅★は福島市指定の文化財であるが、十九世紀半ば過ぎに建築された建物で、屋内養蚕の蚕棚をより多く設けるために総中二階建てとし、中二階への採光の必要性から屋根の妻側を半ば切り取って半切妻造りとしている。

信達地方の養蚕農家を十九世紀前半のものと同世紀後半建立の農家の床面積を比較すると、前者が平均三五坪弱であるのに対して後者は平均四六坪となっている。この時期、住居の立体方向への拡張が見られるのは、蚕棚を置くスペースの確保のためであり、作れば売れるバブル状況にあったことをこうした住居建築の変化からも見ることができるのである。

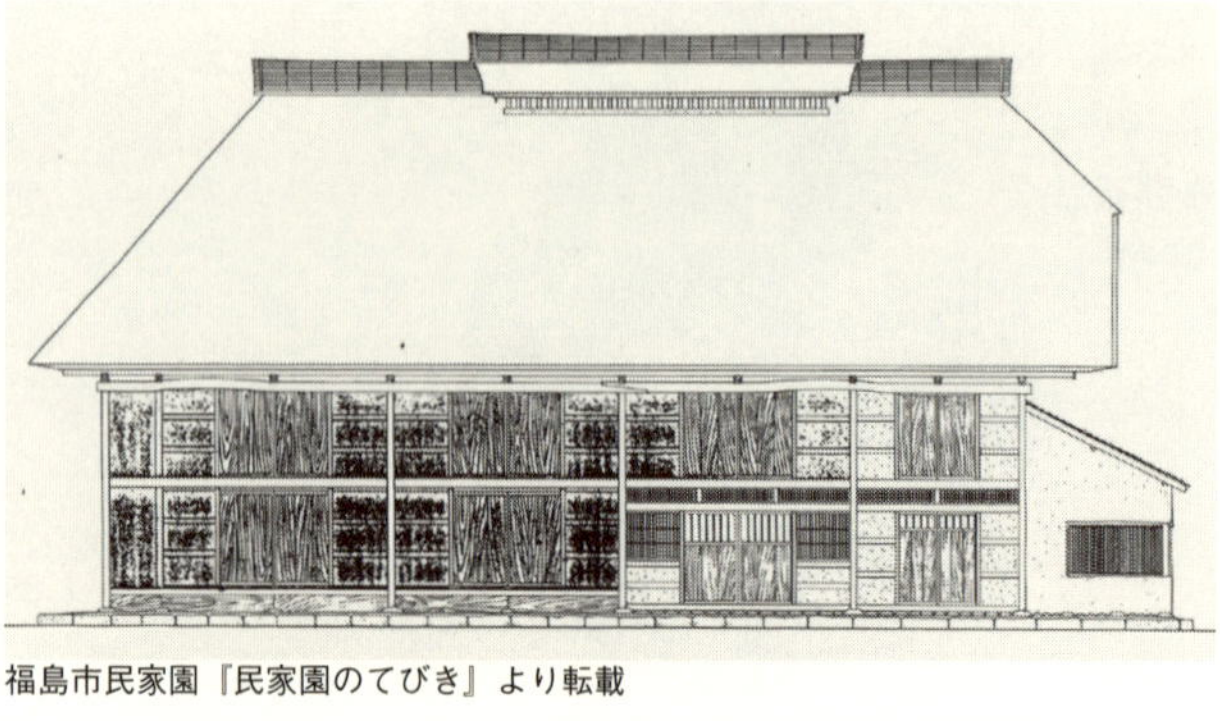

福島市民家園『民家園のてびき』より転載

▼小野家住宅
総二階ですべての部屋が蚕室となる。蚕室は蚕棚が並ぶが、手が届いて作業ができるよう、天井は低い。屋根裏が大きく用具入れとなる。開港後の好景気時にこの建築となる。

## 慶応二年の信達世直し一揆

蚕種は信用商売である。つまり、買い手はその蚕種が信用のおける優秀な卵かどうかは、翌年の孵化状況を見てみないとわからないのである。それ故代金の受け取りは、売った時に半額を受け取り、残り半額は翌年また売りに出向いた時に、孵化状況を確認しながら受け取ることになる。しかし、開港バブルの一見《いちげん》さんである異国への商売では、欧米へ極端な粗悪種を売り付けて信用を失うこともあった。

新しい財源を求めた幕府は、元治元年（一八六四）十一月、蚕種・生糸類の粗製濫造を統制するという理由で、これまでの冥加金の廃止とそれに代わる蚕種・生糸の改印令、新税徴収を決定布告した。この新税は信達両郡で五万両以上にのぼるといわれた。この年、こうした動きを察知し、岡村文右衛門と中瀬村儀左衛門はこの新税請負を願い出た。農民にとってこの新税は、蚕種や生糸について、販売前に請負業者に改印を受け、その際新税と手数料を徴収され、また仲買業者へも手数料を支払う仕組みの悪税としか捉えられなかった。これに対して信達の農民たちは福島藩をはじめ代官所へ新税取り止め願いを出したが、慶応二年（一八六六）二月、「生糸は五月以降は販売前に必ず改印を受けること」とされてしまった。

五月、村々に「わらだ廻状」が廻された。状に信達一九七カ村の名が円状に書かれている廻状が蚕を飼育する藁で編んだ円いわらだの様相に似ていたのでこう呼ばれた。ちなみに明治元年『旧高旧領取調帳』によると明治元年（一八六八）の信達両郡の村の数は信夫郡八九カ村、伊達郡一〇八カ村、計一九七カ村であるので、信達の全ての村が参加したことといえる。廻状の中央に「口達」があり、次のように書かれていた。

「最近は諸物価が高騰し、米を売ってくれる者もいない。これでは老人・女・子どもを養えない。安心して農作業に打ち込めない。これは天下のためにならない。これが続けばあちこちで打ちこわしが起こるであろう。その場合には遅れずに駆け付けるように。岡村の文右衛門と中瀬村の儀左衛門は新たに糸役と蚕種役を設けるよう進言した。このことが信達両郡の人々を難渋に陥れた原因である。この両人をこのままにしておくことはできない。こうした状況の下、諸物価引き下げ、世の中が穏やかに暮らせ、五穀成就を願ってこの廻状を書いたのである。各村はこれを読み、村内の末々まで理解させ、その上でこの廻状を次の村に廻すように」と。

六月十五日未明、箱崎村愛宕神社の鐘の音を合図に、五〇〇〇人余の農民たちが蜂起した。まず新税の提案者と目された岡村文右衛門、馬治宅を打ちこわし、

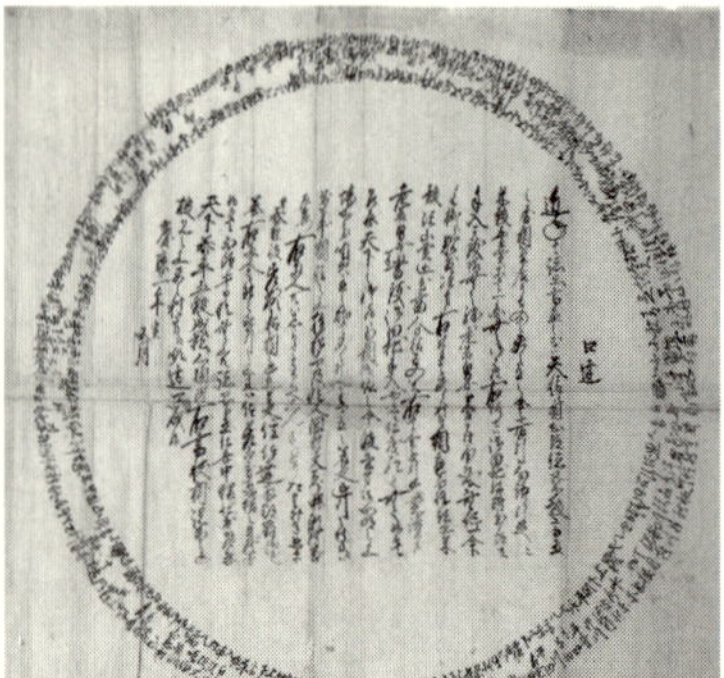

わらだ廻状
（福島県歴史資料館蔵）

翌日には中瀬村儀左衛門宅が打ちこわされた。

　農民たちは鋸や木槌を持って集結し、村の代表者である名主宅や城下町では各町内の代表者である検断宅、次いで高利貸し的存在の質屋、米などの売り惜しみをしていた酒屋や穀屋、そして権力の末端で騒動の際には農民たちに対峙する存在の目明かし宅が襲われた。代官所のある桑折では牢舎が襲われ、収容されていた四人が釈放された。信達約二〇〇カ村のうち、実に五七カ村で打ちこわしが起こっている。中でも城下町福島は被害が大きかった。

　六月十九日、信夫山に終結した農民たちは福島城下に迫った。その数は三万人とも六万人ともいう。この世直し一揆に対する福島藩の対応はどうだったろうか。

　藩では白石、二本松藩に応援を求め、一時大砲・鉄砲などで各木戸を固めたが、多勢に無勢と考えたのか、農民と砲火で対決することは避け、木戸を固めていた家臣を木戸内に引き揚げさせた。一揆勢は、朝六つ半頃御山新町口を突破し、奥州街道を南下か、柳町口に抜け、須川の河原に終結した。その途中、数軒の商家を襲った。鋸や木槌を持った農民に襲われた家は文字通り打ちこわされた。記録にも「居宅柱数本伐り放し倒れかかり」とある。福島城下で襲われた商家は間口四間、奥行き二三軒の店づくりで、酒蔵・質蔵・穀蔵・味噌蔵・醤油蔵と五つの蔵が襲われ、障子・襖・箪笥など家財道具は打ちこわされ、着物類は持ち逃げされ、夜着、布団などは残らず踏み散らされ、現金は五〇〇両、質物一六〇〇両、酒桶・醬油桶など七〇〇両相当、蚕種紙六〇〇枚、六〇〇両相当、計三四〇〇両と被害届で書いている。

一揆発生から四日過ぎ、他村での情報が入っており、また目の前で打ちこわされている商家を見て城下町の商人たちは

「一揆勢の皆様、さあさあお酒を召し上がってください。握り飯をいただいてください。酒の肴を召し上がってください。御足が痛みますから、足袋・わらじなどをお持ちください。必要な品物は何なりとお持ちください」と振る舞った。

それでも一揆対象となった家々は打ちこわされた。目明かし浅草宇一郎宅も攻撃の対象となった。

この慶応二年、信達世直し一揆は、江戸でもかわら版で報道されるほど注目を浴びた。ペリー来航時に防衛論を幕府に提出し、安政の大獄でその末端に名を連ね逮捕された菅野八郎（伊達市保原町金原田）が世直し一揆の首謀者とされ、「金原田村世直し八郎大明神」の幟旗とともに紹介されている。

では、この一揆が「世直し一揆」とこれまでの百姓一揆と区別されているのは何に由来するのであろうか。

今回の農民たちの要求は次の三点であった。

一、新税の撤廃

一、米価と諸物価値下げ

一、貸付利子引き下げと金融の円滑化

この要求がこれまでの百姓一揆と異なるのは、これまでの要求は「年貢減免願い」「種籾・夫食米の拝借」願いであった。つまり、年貢を納入することは自明のこととして、今年は凶作で苦しいので年貢率を下げてくださいという願いであったのに対して、新しい税は認めない、というものである。開港による新しい貿易が始まり、自由売買を知った農民たちの要求は、「年寄りや女子どもを養うことができ、安心して農作業に打ち込めなければ天下のためにならない」とか「諸物価を引き下げ、世の中が穏やかに暮らすことができ、五穀成就を願う」という、まさに世のため、人のための一揆であったのである。

## 信達の知と技の発達

信達の蚕糸業が発達した三つ目の要因、「知」と「技」の発達とは何であろうか。

まず、「知」についてである。信達の養蚕製糸業を営む農民には、「養蚕日記」を付ける伝統があった。それは、自家の備忘録、反省、研究のためのものであり、例えば伏黒村藤屋佐藤与惣左衛門家には百年余の日記五〇余冊が残されており、同家には日誌ばかりでなく、宝暦二年（一七五二）から安政五年（一八五八）まで百余年の我が国最古の繭見本が残されている。養蚕日記には、日々の天候や蚕種の取扱いのこと、掃き立て日、蚕の齢と眠の日付、桑の生育状況、売り桑のこと、蚕手伝い日料（日雇い賃金）、天王市を含めた蚕種・生糸の相場等が書かれている。

こうした養蚕日記がデータベースになって、各家では養蚕書が書かれている。

掛田村の佐藤友信は『養蚕茶話記』★で名高いが、その序文に「我が家には享保十一年（一七二六）から宝暦十一年までの養蚕日記五〇余冊があり」、それらをもとに『養蚕茶話記』を著述したと書かれている。

各村の指導的役割を果たす名家が研究を重ね養蚕書を著し、それを自家の秘伝書とせず、貸し出して地域全体の養蚕業の発展を願ったことは、写本があちこちの家から見つかることから窺うことができる。昭和十一年（一九三六）刊の『福島県養蚕書解題』で近世の蚕書を三一点挙げているがそのうち三〇点が信達地方で書かれたことからもこの地域の養蚕業研究が盛んであったことが知られる。

そして、このことは全国の養蚕製糸業関係者にも知られており、信達に養蚕製糸業の勉強に来る関係者も多くいた。

その代表は『養蚕秘録』の著者上垣守国《うえがきもりくに》といってよいであろう。守国は但馬《たじま》国（兵庫県）の農民で、郷土の養蚕を発達させるため先進地域の視察が必要と考え、明和七年（一七七〇）十八歳の時、信達の本場に来て技法を習得し、優良蚕種を持ち帰った。その後も毎年のように信達を訪れ、蚕種生産、養蚕の技法、桑の育

▼『養蚕茶話記』　伊達郡掛田村（伊達市霊山町掛田）の佐藤友信の著。明和三年（一七六六）成立。本県初の養蚕書。佐藤家は蚕種製造業を営み、蚕の温暖飼育を提唱。

成、糸取り技術まで学び、優良蚕種、優良生糸を持ち帰り、地元に広めた。やがて人々に推されて庄屋を務め、享和二年（一八〇二）に『養蚕秘録』★を書き上げ、翌三年京都の出版社から刊行した。この本は大坂・江戸でも販売され、版を重ね、全国的に知られるようになった。シーボルトは国外追放になった時、日本の本を沢山ヨーロッパに持ち帰ったが、その中で唯一の養蚕書がこの『養蚕秘録』であり、やがて、ホフマンによりフランス語に翻訳され養蚕業の先進国フランスでも出版された。

「技」では二つの発明が挙げられる。まず一つ目は、奥州流座繰器の発明がある。これは大きな滑車にハンドルがついて、小さな滑車の軸に小枠をはめ、大小の滑車をベルトで繋いだ座繰器である。大きな滑車を廻すと連動して小枠が数回回転する。こうして糸取り能率が数倍も良くなった。この奥州流座繰器は上垣守国によって全国に紹介された。

もう一つの発明は、養蚕業における画期的な発明が信達の養蚕家によってなされた。蚕当計を発明し、その使い方を記した『蚕当計秘訣』を著した中村善右衛門である。

蚕は桑の葉を食べて成長する。生まれたばかりの蚕は毛蚕といわれ体長数ミリで、食べられる桑の葉も新芽の柔らかな葉である。孵化したばかりの毛蚕に食べさせる桑の葉の成長を調整するよりは、柔らかな桑の葉がある時に蚕を孵化させ

**▼フランス語訳『養蚕秘録』**

『養蚕秘録』は享和三年（一八〇三）に刊行された但馬国出身の上垣守国の著。守国は郷土の養蚕発展のため奥州にまで来て視察、優良蚕種を仕入れて研究し本を著す。シーボルトは帰国の際多くの日本の文献を持ち帰る。養蚕書ではこれが唯一。彼の助手のホフマンがフランス語に翻訳出版。

奥州流座繰器
（『養蚕秘録』／国立国会図書館蔵）

る方が合理的である。そのためには温度管理がしっかりできなければならない。そのために炭火を焚いて室内を温めた。蚕を育てる期間も室温を温める温暖飼育が盛んになった。しかし、室温を高めれば成長は早まるが、糸の質にとっては必ずしも良い糸がとれるとは限らない。そこで科学的な室温管理が必要になった。

梁川の養蚕家中村善右衛門は、天保十年（一八三九）病に罹り、なかなか癒えず、二本松まで行って藩医稲沢宗庵に診てもらう。この時善右衛門は初めて体温計で体温を測ってもらい、体温計がわずかな温度の変化に正確に反応することを教えてもらい、これを養蚕室の温度管理に応用できないかと考えた。三十歳の時であった。さっそく宗庵を通して長崎から体温計を一本購入した。この体温計はオランダ製の輸入品であり、福島・長崎の往復の運送費も含めて、代価一五両という。今の価格でいえば、二〇〇万円ほどであろうか。

しかし、購入した体温計の目盛りを換えれば蚕当計ができたわけではない。これからが善右衛門の苦労が始まった。つまり製作である。必要なものは、細い管のガラス管と水銀。前者は江戸日本橋の鏡商加賀屋に製造を依頼し、数百本の細いガラス管を製造。水銀も江戸から購入したが、その水銀を細いガラス管への注入をどうするか、科学者ではない善右衛門は試行錯誤の末、ようやく水銀を注入し、温度計の完成をみた。

そして次の苦労は、これに目盛りを刻むこと、つまり養蚕の適温を発育段階に応じて必要な目盛りを刻むことであった。途中、ガラス管の内径を同一にしなければならないことに気付きその対応にまた時間がかかった。そして、蚕当計として、蚕種の孵化（掃き立て）の適温、一齢から五齢までの養育の適温を科学的に数字で表すために、養蚕の実践をしながら、記録を付け（養蚕日記）、その数字を獲得した。こうした努力の末、二本松で体温計に出会ってからちょうど十年の月日を経て、嘉永二年（一八四九）春、その使用法を著した『蚕当計秘訣』とともに、蚕当計を公表した。開港の十年ほど前のことである。そして、梁川の養蚕家、中井閑民、大竹惣兵衛、田口留兵衛らが使用し、その有用であることを世に喧伝した。

蚕当計の発明者中村善右衛門は勿論であるが、すぐにこれを自家養蚕に試し、それを地域の養蚕業にとって有用であると宣伝する者たちがでるところに信達の養蚕業の発達の礎があるのである。

## 城下町福島の賑わい

下の表にあるように、城下町福島の人口は、江戸時代の初めに二〇〇〇人ほどだったのが、十七世紀百年間で倍に増えた。しかしその後は農村部と同じように減り続け、天明年間（一七八一～一七八九）には一〇〇〇人も減少したが、そこ

**福島城下の人口の変遷**

| 和　暦 | 西暦 | 総人口 | 男人口 | 女人口 |
|---|---|---|---|---|
| 慶長10年頃 | 1605頃 | 2,172 | 1,109 | 1,063 |
| 元禄16年 | 1703 | 4,261 | 2,426 | 1,835 |
| 延享３年 | 1746 | 3,726 | 2,322 | 1,404 |
| 宝暦11年 | 1761 | 3,707 | 2,272 | 1,435 |
| 天明８年 | 1787 | 3,360 | 1,891 | 1,469 |
| 天保９年 | 1838 | 3,951 | 1,947 | 2,004 |
| 安政４年 | 1857 | 5,550 | | |
| 明治２年 | 1869 | 5,436 | 2,744 | 2,691 |

を底値として増加に転じ、天保年間（一八三〇〜一八四四）には元禄年間（一六八八〜一七〇四）の九割強に回復し、その後二十年間で五五五〇人と驚異的な増加を示している。明治初年の数字とほぼ同じであることから、間違いのない数字である。幕末期の増加数と並んで驚異的なのは、男女比がほぼ同数（天保期には女性が五〇人ほど多く、明治初年には男性が五〇人ほど多い）となっていることである。町場の商家は、番頭や丁稚など独身男性が多く、江戸を例にとっても男性が断然多いのが一般的である。それに対して福島城下の場合、男女比が同等なのは、商家よりも旅人が泊まる旅籠が多く、仲居や飯盛女が多かったこと、また糸取り稼ぎのため女性を間引かなかったためであろうか。今後詳しい分析が必要である。

江戸時代には、旅行案内書が数多く出版された。『諸国道中商人鑑《あきんどかがみ》』★もその一つである。これは宿場町ごとに宿や土産屋・名産品店等を紹介している。勿論、広告として掲載しているので、広告料を払わなかった店は掲載されていない。福島城下では、北南町七軒、上町二軒、庭坂口一軒、中町四軒が掲載されている。北南町の七軒の内訳は、宿屋六軒（商人宿二軒、宿四軒）とうなぎ屋一軒、上町は薬種屋（西村屋久兵衛）とお土産店（合羽煙草入・木村屋）、庭坂口は薬屋、中町は二軒がお土産屋、商人定宿二軒である。

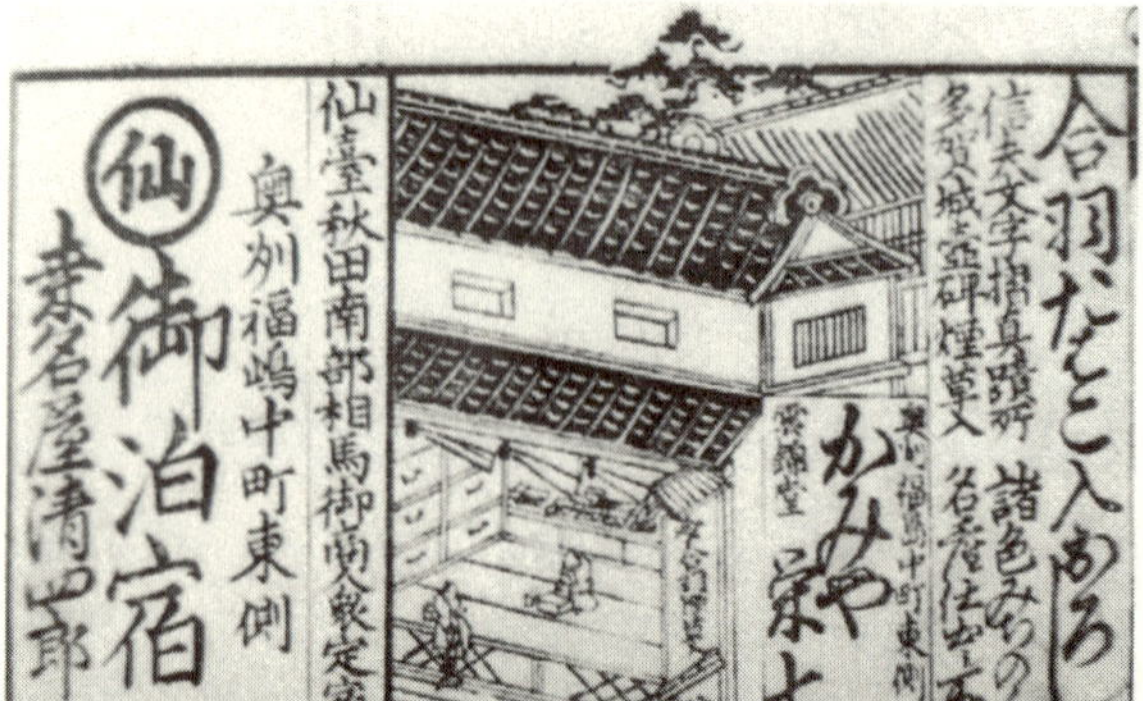

▼『諸国道中商人鑑』（福島市蔵）

# 土産物屋と薬調合所

この『諸国道中商人鑑』に掲載されている広告で目に付くのは、旅宿としての広告は勿論であるが、土産物屋と薬調合所である。

土産物屋では、図のように「奥州福嶋中町寺角小嶋屋新三郎　萬合羽・煙草入おろし」とあり、また「奥州福嶋上町大手先木村屋儀兵衛　合羽・煙草入卸所」とある。「奥州福嶋中町雲錦堂かみや栄七　合羽・たはこ入おろし　信夫文字摺真蹟所　多賀城壺碑煙草入　諸色みちのく名産仕出し所」

合羽や煙草入れが本当に福島城下町での名産・土産物だったのだろうか。他の旅行案内書ではどうなのだろうか。

『東講商人鑑《あづまこうあきんどかがみ》』の「奥州信夫郡福嶋城下諸商人」のページには薬種所油屋藤兵衛や同西村屋久兵衛とならんで「福島上町合羽煙草入卸所木村屋勘兵衛」とある。

『諸国道中金《かね》の草鞋《わらじ》』は宿場町ごとに名物などを掲載している旅の本であるが、福嶋の項の中央に「このところにしのぶずり紙めいぶつなり。かみかつは・かみたばこ入などあきなふ家おほし　正直の　かうべにやとる　紙ざいく　あきなひみせも　ふくしまのまち」とあり、また「しのぶずり　まつへの世までも　くちざるは　石に判なる　名所なりける」と紹介している。

河原左大臣源融が「みちのくの　しのぶもぢずり　誰ゆへに　みたれそめにし我ならなくに」と詠んで以来、歌枕として世に知られ、芭蕉も訪れた名所に因んで、信夫摺も名産となった。明治以降、それは薄絹に摺られ、ハンカチーフや袱紗としてお土産品となったが、江戸時代においては、「信夫摺り紙、名物なり」といわれ、紙に摺られた土産品として買われていった。

合羽も煙草入れも旅人の必須携行品である。合羽は、防腐剤として柿渋を塗り、その上から桐油《きりあぶら》（アブラギリの種子からとった油）を塗って撥水性を強くした少し厚めの紙で作り、折り畳んで携行した。

そもそも信達地方は養蚕・製糸業で栄えた地域で、この蚕糸業の四工程の最初の蚕種業では、厚い紙の上に蚕に産卵させ、蚕種紙として販売したため、蚕糸業の周辺では製紙業が盛んになった。蚕種紙の産地として紙が豊富にあり、また『東講商人鑑』には「福島本町　名産桐油所　若松屋治郎兵衛」の広告も載っている。

次に前述の薬調合所について見る。『東講商人鑑』で、御薬種所として本町油屋藤兵衛と西村屋久兵衛の広告を見た。『諸国道中商人鑑』では西村屋は二ページにわたって広告を出している。そこでは代表する薬として『紅毛伝来日本無双甚妙丸』『神仙人参犀角散』『神仙急神通円』を挙げてその効能を示し、取扱い品として薬以外に煎茶・砂糖類・絵具・絵筆・紙類品々と書き、「現金かけねなし」と締めている。また同書では、北南町の練屋《ねりや》黒沢権三郎店の広告がある。黒沢は基本的に商人宿であるが、「家伝仙人丸」の看板を掲げ、「絹紬真太織練張所合薬所」と紹介し、複合商売をしていたことがわかる。同書では調合所として庭坂口の寿仙堂三瓶勘七郎の広告が載っている。ここでは「家伝無比淋病妙薬」「家伝神妙散調栄湯」「やけどの薬」「補順散」「突目の薬」「家伝無比風はら薬」などを載せ、この他妙薬妙剤を扱っているのでお尋ねください、と謳っている。

このように調剤薬局的商売の店が旅の案内書に広告を出しているのは、幕末に福島城下には蚕種紙や生糸を求める商人を主に、いろいろな旅人が訪れていたからである。同書の広告を見ると「江戸蚊屋仲間定宿」「湯殿山参詣御定宿」「越中富山薬商人定宿」「大坂綿問屋定宿」「奥州参宮定宿」「信州種衆御定宿」「伊勢御師御定宿」など多種多様な商人や参詣人たちの指定宿であったことがわかる。

福島城下は、三万石の城下町とは思えぬ賑わいを示している。もともとここは本多十五万石、堀田十万石の城下町であり、また、生糸・蚕種紙を求めて全国から商人が行き来し、生糸・蚕種紙の集積地、貨物運送の一大中継基地としての役割を果たす商業都市であったことがこのように賑わさせていたのである。明治になって三万石の福島が、十万石以上の白河・二本松を差し置いて県庁が置かれたのもこの経済力があったからであり、その経済力が東北で最初の日本銀行支店を置かせたのであった。日本の花形産業を持つ城下町だったのである。

これも福島

# 初代信夫山秀之助
## （明治三十五年～昭和三十二年）
## 春秋園事件で髷を切り新興力士団へ

　年配の大相撲ファンの方ならば、昭和三十年代に活躍した信夫山という関取は覚えているだろう。「リャンコの信夫」の異名をとったもろ差しの名人で、最高位関取まで出世した技能派の力士であった。しこ名の信夫山は、福島市の真ん中にある標高二七五メートルの里山に由来する。伊達郡保原町（現伊達市保原町）出身の信夫山、実は二代目信夫山なのである。

　初代信夫山秀之助は福島市渡利で生まれた。幼い頃に伊達郡川俣町鶴沢に移り、そこを出身地に届けている。本名は菅野秀之助、出羽海部屋に入門し、初土俵は大正九年（一九二〇）一月場所、十七歳であった。当時は春場所と夏場所の年二場所であり、十両まで五年を要したが、幕下で全勝優勝し、大正十四年春場所で十両に昇進関取となった。昭和二年（一九二七）に三月場所と秋場所が加わり年四場所となった。新入幕は昭和四年、身長一七七センチ、体重一〇三キロ、右四つ、寄りを得意とした。当時としては大型力士で、体格を活かした激しく寄る相撲は迫力があった。目が大きく、髭剃り跡が青々として歌舞伎役者のようだといわれ、女性ファンが多かった。

昭和七年一月十九日

眞っ先に髷を切り
意氣軒昂の信夫山
角界刷新に死力を盡すと
きのふ決意を語る

『福島民報』（昭和７年１月19日）

　信夫山の力士人生は昭和七年正月に激変した。春秋園事件である。東前頭二枚目まで出世した番付発表の翌日、出羽海部屋の先輩天龍三郎や大ノ里萬助らが中心となり、中華料理店「春秋園」に籠り、相撲協会会計の明朗化・相撲茶屋の廃止・年寄制度の廃止など十項目の要求を協会に要求した。要求は拒否され、力士たちは協会を脱退し「新興力士団」を結成した。

　信夫山は「新興力士団」に加わり、真っ先に髷を切って、天龍らが設立した「関西角力協会」に所属して大阪を拠点として相撲を取った。「新興力士団」は協会の切り崩しにあい、次第に東京に戻る力士も多くなったが、信夫山は協会に復帰することはなかった。

　後に大相撲解説者となった天龍三郎は信夫山について、「右を差してぐっと構えるとなかなかに強かった」と評し、相撲協会の度々の復帰勧誘に彼は首をたてに振らず、大阪での労苦を選んだことを「堂々たる風格の高い相撲を取るこの親愛なる一同志」と回顧している。信夫山は昭和十一年八月場所の後引退した。その後の消息は詳らかでないが、関西で学生相撲を指導したという。

# 第六章 戊辰戦争と福島

福島藩は勤王か佐幕かで藩論が揺れる中、東北戊辰戦争に巻き込まれていった。

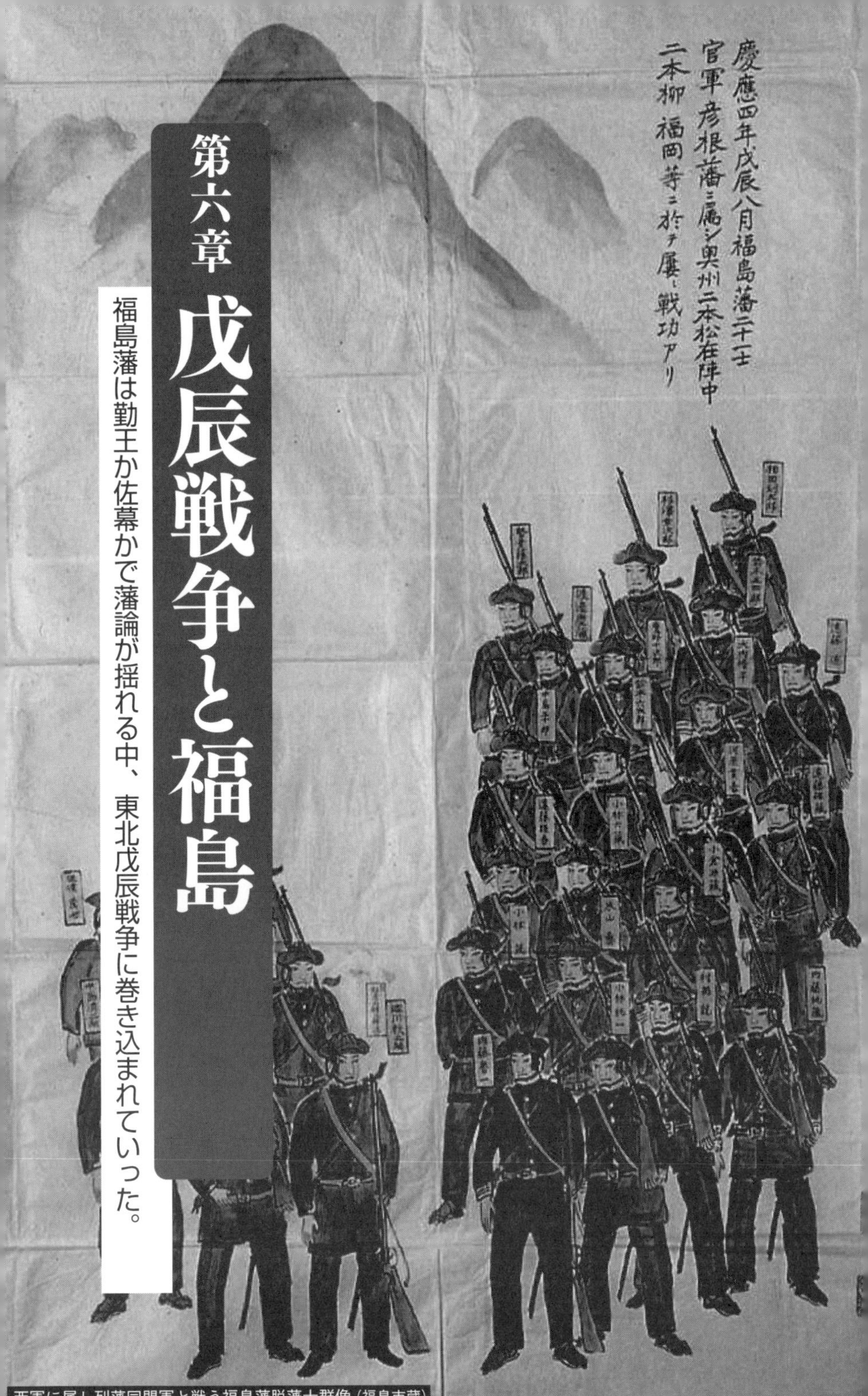


西軍に属し列藩同盟軍と戦う福島藩脱藩士群像（福島市蔵）

# 1 安政の大獄と福島　菅野八郎逮捕

幕末の一大事件に信達地方のはずれに住む一人の百姓が連座した。
後に「世直し大明神」とかわら版にも書かれた金原田村菅野八郎である。
そして、彼を逮捕したのは福島城下の腕っこきの目明し浅草宇一郎であった。

## アメリカ騒ぎ

嘉永六年（一八五三）六月、アメリカ東インド艦隊司令長官ペリーが遣日国使として軍艦四隻を率いて浦賀に来航した。ペリーの乗る旗艦サスケハナ号は鉄甲船二四五〇トン、黒い煙を吐いて進入してきた。「鎖国」下にあった当時の日本では大船建造は許されなく、人びとが目にすることができたのは帆船の千石船、つまり一五〇トン積みの木造船であったから、その威容にまず驚かされた。

この情報は城下町福島にもすぐにもたらされた。中町で穀物商を営む穀三商店★主遠藤家の「諸事控帳」には「相州浦賀へ異国アメリカより唐舟参り、江戸表大変」と書き、江戸防備を命じられた大名について「井伊掃部頭様彦根・松平肥後守様会津・松平大和守様川越・松平下総守様忍、同心一五〇〇人、大筒一二〇丁、

▼穀三商店
穀三商店は町域変更により現在は荒町にあるが、江戸時代は中町。当家の文書は「穀三商店文書」として、福島市史資料叢書から二巻発刊されている。遠藤家は町検断を補佐する組頭の役を務め、所蔵資料の「諸事控帳」は城下の日常的な出来事を記録した町方資料として貴重である。

鉄炮三千丁、人数三万人余……」と江戸の国防情報を書き、また「（嘉永七年）正月三日夕江戸より仙台様早駕籠下り、アメリカ騒ぎに付き仙台様正月二十日桑折御泊まり、（江戸へ）御登り遊ばされ候。後より御家中御足軽都合二〇〇〇人余、弓鉄炮鎗大筒三日の間人足馬相詰め申し候」と仙台藩主が二〇〇〇人の家臣を率いて江戸に登ったことを書いている。またペリーが返答を求めて再来する嘉永七年正月には「二十日にアメリカ王船よりこの方へ沙汰有り。大筒ぶち候。二十里四方へ響き申し候。……」と江戸の詳しい情報も書いている。

東北の三万石の城下町の一米屋がこれだけの情報をどうやって入手していたのだろうか。

情報源は二つ。一つは飛脚問屋島屋・京屋である。前述のように、島屋・京屋は、運送事業・郵便事業・為替などの金融事業を展開しており、その情報ネットワークは全国を網羅していた。当時であれば米の価格、この後であれば横浜での生糸相場などはそのネットワークを通じてもたらされ、米等の穀物や生糸などの注文が入り、輸送されたのである。

もう一つは生糸・蚕種を求めて全国からやってくる生糸商人たちである。前述のようにやってくるのは生糸商人ばかりでなく、越中富山の薬売りや江戸の蚊帳商人、伊勢の御師や伊勢参り・湯殿山詣りの旅人たちであった。飛脚問屋と違って、こうした商人たちや参宮講の旅人たちの方が江戸のかわら版情報やスキャン

菅野八郎が描いたペリー
（『あめの夜の夢咄し』より
／福島県歴史資料館蔵）

ダルなどおもしろ・おかしい情報をもたらしたであろう。

## 金原田村菅野八郎『秘書後《のち》の鑑《かがみ》』

こうした情報に居ても立ってても居られず、江戸へ急いだ男がいた。伊達郡金原田村（現福島県伊達市保原町金原田）菅野八郎《かんのはちろう》★である。八郎は慶応二年（一八六六）信達世直し一揆では江戸のかわら版に「世直し大明神」と謳われたが、若い時から名主の不正を訴えるなど正義感の強い農民（持高二十四石余）であった。

嘉永七年（一八五四）正月、四十五歳となった八郎は三晩にわたって霊夢を見た。夢の中、白髪の老人は八郎に異人の侵略を撃退する策を授けた。

二月、八郎は神奈川へ行き、浦賀沖に停泊する黒船を見た。八郎はペリーの肖像画を残しているが、実際にペリーに会ったのかどうかは定かではない。日本の危機を感じた八郎は江戸に出て、老中阿部正弘宛の駕籠訴を行った。駕籠訴とは、江戸城に登城する老中を待ちかまえ、老中の駕籠に向け、訴状を捧げて直接に訴える越訴の一形態である。こうした直訴は厳禁で、本来なら獄門などの重罪に処されるところであるが、目安箱に投じるように諭され、箱訴の形で訴えた。

また、八郎は『秘書後の鑑』を著し、水戸藩士太宰清右衛門★に送った。この書は、代官政治の腐敗を批判し、海防の必要性を訴え、水戸の徳川斉昭《とくがわなりあき》の治世を讃

**▼金原田村菅野八郎**
菅野八郎（一八一〇～一八八八）は代々名主を務めた家に生まれた。八丈島流しから元治元年に村に戻り、「誠信講」を組織し農民を指導。その自衛と教化に尽力。図は八郎が描いたペリー提督と江戸のかわら版に掲載された「世直し大明神」の記事。

**▼太宰清右衛門**
真綿問屋の長男。のちに水戸藩士となる。

えたものであった。太宰清右衛門は、八郎の妻の妹の夫（元は保原の真綿問屋）で、千葉周作道場で知り合った水戸藩士の伝手《つて》で水戸藩士になった男であった。

## 安政の大獄と八郎逮捕

黒船来航以来、幕府がすすめる公武合体政策と尊王攘夷を唱える派との対立は日に日に激しさを増していった。

安政五年（一八五八）幕府は日米修好通商条約を調印。水戸徳川斉昭・尾張徳川慶恕《よしくみ》（後の慶勝《よしかつ》）らが大老井伊直弼を責め、対立は決定的となった。

こうした政局の中、将軍継嗣問題に勝利した大老井伊直弼は、同年七月徳川斉昭・慶恕・越前藩主松平慶永《よしなが》らに謹慎を命じ、九月梅田雲浜《うんぴん》らを逮捕、十月橋本左内・頼《らい》三樹《みき》三郎《さぶろう》、吉田松陰を処刑した。安政の大獄である。この尊攘派弾圧策の末席に名を連ねたのが菅野八郎であった。八郎自身は過激な尊攘派志士というわけではなかったが、尊攘派の巣窟と見なされていた水戸藩への徹底した探索の中で、彼の著『秘書後の鑑』が見つかり、〝駕籠訴を行った過激な志士〟と認定されてしまったのであろう。

安政五年冬、江戸町奉行石谷《いしがや》穆清《あつきよ》により、幕吏が福島城下に派遣された。使いは福島藩に密やかにお話をしたいと面談を申し入れ、代官山岸一之助が対応した。使いが言うには、「尊攘派の長谷川速水《はせがわはやみ》父子、太宰清右衛門、金原田村八郎が当地方に潜伏しているとの情報があり、早速逮捕したい。ついては、福島城下見廻り（目明かし）浅草宇一郎★をお借りし、逮捕の上は牢屋を借りたい」と。

十月二十七日夕方、追っ手は金原田の実家で八郎を逮捕し福島城下下町の牢屋に入れた。福島藩の同心等が昼夜厳重な見廻りをする中、八丁堀同心岡田源兵衛・田中清十郎も福島に下り、山岸一之助に面談をして、「太宰清右衛門は保原が故郷であるから戻ってくる可能性が高い。その際長谷川速水父子が同伴しているであろう。幕領とか大名領とか関係なく福島藩で踏み込んで逮捕していただきたい」とお願いをし、八郎を丸駕籠に入れて江戸に連れて帰った。

福島藩の史料「松園公御伝記」には、安政の大獄で処刑された人びとの一覧が載っているが、その末尾に「遠島　松前伊豆守領分　奥州伊達郡金原田村　八郎」とある。

万延元年（一八六〇）七月七日、八郎は流刑地八丈島に到着した。八郎は八丈島末吉村で子どもたちに読み書きを教え、村人に養蚕の仕方を教えて四年間過ごし、赦されて元治元年（一八六四）九月金原田村に戻ってきた。村は開港バブルにわき、好景気は人びとの心を浮つかせ、政治的緊張の高まりとあいまって、治安の乱れは目を覆うほどであった。八郎は誠信講を組織し、剣道を奨励し、「孝」の教えを広め、自衛の必要を説いた。世直しの風が吹き始めていた。

▼浅草宇一郎
文政二年（一八一九）～明治二十五（一八九二）。福島城下北南町で旅籠業を営むかたわら目明かしを務めた。金原田八郎の逮捕や世良修蔵暗殺事件などに関与する。墓は福島市内長楽寺境内にある。

浅草宇一郎・イシ夫妻の墓
（福島市、長楽寺境内）

◇2

# 天狗党の乱と福島藩

文久三年（一八六三）・翌元治元年（一八六四）、尊王攘夷運動がより過激になる中、水戸藩急進攘夷派が筑波山に挙兵した。天狗党の乱である。譜代小藩の福島藩は幕府の要請に応じ、乱鎮圧のため、日光・筑波山・水戸へ出陣した。

## 攘夷運動の激化と八月十八日の政変

文久三年（一八六三）、この年政局は風雲急を告げた。孝明天皇は京都市内の神社に攘夷を祈願、将軍家茂は五月十日を攘夷決行の期限と上奏した。これを受けて長州藩は下関で来航の英艦隊を砲撃、攘夷を決行した。尊王攘夷の運動は激しく高揚した。

しかし激化する尊攘派の動きに尊攘派のシンボルであった孝明天皇が不安を感じるようになった。

同年八月十八日、公武合体派の会津藩と薩摩藩は御所の入口を閉鎖し、長州藩や尊攘派公卿たちを朝廷から締め出した。八月十八日のクーデターである。

京都での主導権を失った尊攘派は、各地で激化事件を起こした。

孝明天皇画像
（東京大学史料編纂所蔵模本）

文久三年十一月、東金《とうがね》分領近くの小関村を中心に浪人三浦帯刀等が真忠組を結成し、〝尊王攘夷〟〝四民平等〟〝世直し〟〝倒幕〟をスローガンに挙兵し、地主や網元に米や金を要求する事件が起こった。

福島藩は将軍の鷹狩りの場のある上総国東金に分領を持っていた（三カ村、二千九百二十八石余）ため、幕府は福島藩など四つの藩に真忠組を討つよう命じた。これに対して福島藩は江戸留守居役馬淵清助を隊長に家臣と郷方鉄砲組三〇人を出動させ鎮圧した。郷方鉄砲組は、福島城下で組織された猟師などを中心とする農兵部隊であった。

## 天狗党の乱と福島藩の出動

八月十八日の政変と同じ頃、土佐藩浪士吉村虎太郎《よしむらとらたろう》が尊攘派公家中山忠光《なかやまただみつ》を擁して大和五条の代官所を襲う天誅組《てんちゅうぐみ》の変を皮切りに、十月には平野国臣《ひらのくにおみ》らが沢宣嘉《のぶよし》を擁して但馬生野《たじまいくの》の代官所を襲撃する生野の変が続き、翌元治元年（一八六四）、水戸藩急進尊攘派天狗党が保守派の諸生党と対立し、攘夷延期を不満として筑波山《つくばさん》に挙兵した天狗党の乱が発生した。

天狗党は筑波山での挙兵の後、挙兵の成功を祈願するため、日光東照宮参拝に向かった。幕府は福島藩などに日光東照宮の警備を命じたため、藩主板倉勝顕《かつあき》は自ら兵を率いて日光へ向かった。天狗党は筑波山に戻り、形勢不利になると那珂《なか》湊《みなと》・水戸城下に戻り、激しい市街戦が繰り広げられた。福島藩は日光警備に続いて筑波山から那珂湊・水戸城下への追撃を命じられ、老臣松原朝昌《ともまさ》・渋川勝達《かつさと》・内藤次興《つぎおき》ら総勢二三八人が出陣した。

真忠組の乱の平定にも出陣した郷方鉄砲組二十数人は天狗党の乱鎮圧にも出動を命じられ、戦闘では最前線で戦い、多くの犠牲者を出した。福島市内清明町常光寺門前に、郷方鉄砲組戦死者追善供養塔が建っている。

## ③ 勤王か佐幕か

慶応四年になると福島藩の藩論は勤王に傾いてきたが、福島は仙台・米沢・会津・二本松などの佐幕を主張する大藩に囲まれており、勤王か佐幕か右往左往しつつ態度を決めかねていた。譜代小藩故の悲哀であった。

### 鳥羽伏見の戦いと旧幕府軍の敗走

慶応四年（一八六八）一月三日、旧幕府大目付滝川具挙《たきがわともたか》は入京のため薩摩藩に通行許可を求めたが許可されず、強行突破しようと前進した。戦端を開く名目ができた薩摩藩の砲が火を噴いた。鳥羽伏見の戦いの発端である。旧幕府軍一万五〇〇〇、対する西軍五〇〇〇。圧倒的兵力の差は、指揮命令系統の一本化・兵器の近代化などの前に何の力にもならなかった。その上、四日には天皇から錦旗と節刀を受領し、薩摩・長州は「官軍」の称を得、兵士のモチベーションに決定的な差が生まれた。淀藩の旧幕府軍入城拒否、山崎の関門を守っていたはずの津藩の発砲など相次ぐ寝返りに旧幕府軍は大狼狽し、大坂城へ敗走した。六日、慶喜は大坂城を脱出し、海路江戸へ向かった。会津藩主松平容保《まつだいらかたもり》も桑名藩主松平定《まつだいらさだ》

「皇国一新見聞誌　伏見の戦争」
（東京都立中央図書館蔵）

敬《あき》も同船した。鳥羽伏見の戦いはわずか四日で西軍の圧倒的勝利に終わった。

当然ながら、旧幕府軍の敗北は、この時点ではまだ福島には伝わっていない。

## 右往左往する小藩の悲哀

一月五日、会津藩使者鈴木丹下と土屋鉄之丞が福島城下を訪れ本陣安斎家に宿泊、福島藩年寄月番斎藤直在に面談を申し入れた。翌六日、斎藤直在宅にて、斎藤直在・同役池田権左衛門・渋川教之助と面談した。鈴木丹下が切り出した。

「徳川家譜代恩顧の藩と近々白河城で集会を行う計画である。佐幕の将来についてじっくりと話し合う積もりである。板倉家は三河以来の譜代衆であるから、その際は重臣に出席していただきたい。」

三万石の福島藩の返答は「諾」しかなかった。

一月九日朝、飛脚問屋島屋・京屋両店からの注進があった
「過ぐる二日・三日頃伏見・鳥羽のあたりで大戦争があったとのことである。官軍は薩・長・土をはじめ勤王の諸藩、幕府方は会津・桑名など譜代大名と旗本たちである。戦いは接戦で形勢はわからない。只今江戸から急報があり、取り敢えずお届けします」と。

月番斎藤直在は在藩の主立った者を自宅に集めた。夕方まずは物頭役

### 高須藩略系図

**高須藩**（美濃）尾張藩分家
- （次男）**慶勝**《よしかつ》→尾張藩徳川家
- （三男）**武成**《たけなり》→石見浜田藩松平家
- （五男）**茂栄**《もちはる》→一橋家（御三卿）
- （六男）**容保**《かたもり》→会津藩松平家
- （七男）**定敬**《さだあき》→桑名藩松平家

内藤豊治郎を江戸へ急ぎ早駕籠で派遣し、藩主に伺いを立てることとした。協議は続いた。いざとなったら隣の大藩伊達藩に支援をお願いしたいが、伊達藩は佐幕論を主張しているとの情報があり、仙台に使者を遣わしてよいかどうか議論になり、その伺いのため山岸一之助らを江戸に追加派遣することとなった。

侃々諤々《かんかんがくがく》の会議は続いたが藩論の集約は難しかった。基本的には勤王論が主であるが、先日の会津藩の使者の白河会議への出席依頼については「諾」と返答をしており、「討会」の朝命に従えば会津は大軍を福島に送るだろう。佐幕の伊達はどう動くだろうか。そこで鈴木六太郎を仙台に派遣し、何かの時の助力を依頼した。伊達家はそれを「了」としたが、それで一安心とはいかなかった。

江戸藩邸はどうであったか。年寄役格留守居役馬淵清助（会津藩出身で馬淵家に養子に入っていた）は強硬に「佐幕」を主張していた。これに対して三河国重原分領はまた深刻な状況にあった。

隣は御三家の大藩尾張藩である。尾張の元藩主徳川慶勝《よしかつ》（慶如）は、第一次長州征討の時には征長総督を務めたが、第二次長州征討では出兵を拒否、慶応三年十二月の小御所会議では薩摩・土佐とともに討幕派側にまわっていた。もう少し付け加えるならば、慶勝は尾張藩の分家である美濃高須藩の次男から尾張に養子に入ったのだが、会津藩主となる容保は六男、桑名藩主となる定敬は七男でともに実弟である。幕末の非常時は「血」よりも、今の「家」が大事であった。

松平容保
（福井市郷土歴史博物館蔵）

松平定敬
（福井市郷土歴史博物館蔵）

徳川慶勝
（福井市郷土歴史博物館蔵）

分領の陣屋に詰めているのは郡代一人、代官三人、足軽・小頭・目付平組が一〇人、物書き仲間一〇人、雇い足軽が三〇人ほど、藩士といえるのは十数人であった。

一月の末、元尾張藩主徳川慶勝の使者が重原陣屋を訪れ、福島藩の対応を問うた。「重原陣屋詰役人及び領民は勤王の決心がついたか、否か」と。六十二万石からの問いは、脅し以外の何ものでもなかった。勘定頭吟味役重原郡代関野清市は即答した。「謹みて申し上げます。主人甲斐守（勝尚《かつひさ》）はじめ家臣一同領民に至るまで皆勤王の心です。ついては、封土安穏維持を懇願いたします」と。

尾張藩の隣に位置し、京都に近いこともあって、重原陣屋は中央政局の動きに敏感であった。重原分領に隣接する刈谷《かりや》藩（二万三千石、うち一四カ村、一万千七百石は信達地方に湯野陣屋支配として分領支配）でも藩論が一定せず、勤王派が佐幕派重臣を斬り、その首級をもって上洛し、勤王の実を示したという。重原陣屋では、藩主が上洛して新政権に挨拶をしないと領地召し上げになるのではとの心配を江戸に伝えていた。

二月末、福島城内で目付以上が集まり重役会議が設けられた。そこで藩論として、福島表・江戸藩邸・重原陣屋・東金分領まで福島藩は心一つに勤王であることを示すことを決意した。そのために、佐幕を主張していた江戸留守居役馬淵直義は役儀を取り上げ、揚屋《あがりや》（座敷牢）入りとすること。藩主勝尚は江戸から上洛し、その途中、尾張藩に寄り元藩主慶勝に拝謁すること、と決した。

三月初め、福島城内での重役会議の結果が届かぬうちに、藩主勝尚は江戸藩邸を発ち、福島に向かった。六日、福島から重役会議の決意を携え山岸一之助は江戸に向かった。両者は八日喜連川で落ち合い、勝尚は引き返して上洛することとなったが、手ぶらで一人で上洛するわけにはいかず、朝廷への御進献の羽二重や真綿、御官服、お供の麻上下、旅費を調達するため喜連川に一時留まった。しかし、この時期の奥州道中は、会津へ向かう江戸脱走兵や会津討伐のため北上する維新政府軍等が入り混じり、ごった返しており、大勢を引き連れて上洛することは断念せざるを得なかった。しかし、藩論を京都に伝えなければならず、藩主に代わって渋川教之助（渋川家は板倉家の一族で、教之助は改名して次期藩主板倉勝達《かつさと》となる）が上洛することになった。

このように、一月から三月にかけて、三万石の小藩福島藩は佐幕と勤王の狭間で揺れ動いていた。そして四月、歴史はまたまた小藩を翻弄する。

## 奥羽鎮撫総督府

三月十三日、大総督府参謀西郷隆盛と旧幕府陸軍総裁勝海舟が江戸薩摩藩邸で会談し、江戸城は無血開城することになった。維新政府は外交・内政の継続のた

江戸開城会談の碑

め、幕府の官僚機構と役所建物をそっくり維持することを目的に、江戸での戦争を忌避した。この瞬間、東北での戊辰戦争は避けられないものとなった。

日本の歴史を振り返ると、新しい時代の到来は東北に残る旧勢力の一掃がその仕上げとなっている。古代から中世への移行の決算は平泉奥州藤原氏討伐であり、中世から近世への移行には、小田原落城で終わらず、秀吉の会津黒川（若松）での奥羽仕置が必要であった。だから、維新政府は本来江戸戦争で滅ぼすはずだった「朝敵」会津・庄内を武力で討伐する必要があったのである。

三月十九日、奥羽総鎮撫の一行は、薩摩・長州・筑前の兵を率いて蒸気船で北上し仙台湾に到着し、仙台藩の藩校養賢堂に入り、ここを奥羽鎮撫総督府とした。その陣容は、鎮撫総督左大臣九条道孝《みちたか》、副総督沢為量《ためかず》、参謀醍醐忠敬《だいごただゆき》、下参謀大山格之助（薩摩藩士）、世良修蔵《せらしゅうぞう》（長州藩士）であった。

鎮撫総督府は東北諸藩に会津追討の催促を強化した。と同時に東北の諸藩は総督府に挨拶に伺い、福島藩では年寄り松原作右衛門らを常駐させた。

## 総督府軍事局を長楽寺に置く

仙台に総督府を置き、そこから会津征討の戦いをするとなると、福島城下にベースキャンプを置き、土湯を越えて会津に進む、続いてベースキャンプを二本松に進め、母成《ぼなり》越えで会津へ進むのが道筋である。

総督府は醍醐参謀を福島に置き、下参謀の二人は、長州藩世良修蔵を会津攻めの、薩摩藩大山格之助を庄内攻めの下参謀として派遣することとした。会津攻めは伊達藩をその中心とした。

四月上旬、仙台藩饗応係が福島城に泊まり、二の丸殿中の御座所・座敷向を見分し、賄方と饗応の仕方を協議した。

福島藩では、奥州街道の五十辺村から伏拝村までの橋を修理し、通行路を修繕、往還には砂を敷き、追手門の西手に下馬札を立て、また城内賄方も平汁吸物椀まで塗り物を使わず陶磁器を使うようにとの指示に従い、焼き物食器を用意するなど、参謀を迎える準備を整えた。また藩では大殿（前藩主板倉勝顕）は二の丸御殿を明け渡すため、渡利村仏眼寺に移った。

四月十日には会津征討の伊達藩先鋒隊が忽然と福島城下に繰り込み、上町慈恩寺、御山新町普門寺、庭坂口西蓮寺等に分宿。翌日以降も仙台藩兵が福島城下に入城し、寺や旅宿に分宿した。

四月十七日、醍醐参謀が福島城に入った。当初家老松原朝昌《ともまさ》が騎馬で五十辺村松川橋まで出迎える予定であったが、それには及ばずとの指示があり、引き返してきた。また会津征討仙台藩兵はこの日一八〇〇人ほど福島城下に入り、先乗りの部隊のうち、瀬上主膳《せのうえしゅぜん》の隊が荒井村土湯口へ進軍した。

福島城三の丸内にある長楽寺に奥羽鎮撫総督府軍事局が置かれ、寺からほど近い北南町の旅籠金沢屋が世良修蔵の常宿となった。

仙台藩はもともと佐幕の考えであり、会津藩を本気で討とうという考えはない。その上、仇敵ともいうべき世良修蔵が城下町の旅宿に宿泊している。城内には醍醐参謀が控えている。町はピリピリとした緊張感が漂っていた。福島藩では、火の番廻りのほか、郡代・代官も代わる代わる日夜巡廻をした。

四月十八日、醍醐参謀は世良修蔵に供をさせ、征討先鋒仙台藩兵が駐留する荒井村辺を巡邏し、翌十九日には二本松方面を巡邏するなど会津征討を促した。二十日、土湯口で仙台藩と会津藩との間で初めての戦闘があった。しかしそれは、仙台藩が世良にせかされてやむなく行った戦闘のまねごとをしたにすぎなかった。

## 会津藩謝罪降伏嘆願のゆくえ

戊辰戦争は、新しい日本国の在り方を決める戦いであり、その意味では鳥羽伏見の戦いで終わっていたはずである。しかし旧勢力を徹底的にたたく方針の薩長を中心とする維新政府の、「朝敵藩」とされた会津と庄内の両藩の武力制圧方針により奥羽戦争に及ぼうとしており、討伐対象の会津藩はもとより奥羽諸藩としては何とか講和条件を見つけて戦争を回避したいというのが本音であった。

しかし、総督府下参謀世良修蔵が会津藩に課した謝罪の条件は、
○藩主松平容保の斬首
○嗣子若狭（松平喜徳《のぶのり》★）の監禁
○鶴ケ城の開城
という苛酷なもので、会津藩にとっては首肯できない条件であった。

南奥羽において諸般を主導したのは、仙台藩六十二万石、米沢藩十五万石、二本松藩十万七百石であった。この三藩が四月以降会津藩の謝罪降伏をもって平和解決の途を探っていた。世良の三条件は無理として、会津藩内の主戦過激派と総督府が妥協できる条件を協議を重ねた。そして四月二十九日、仙台藩領関宿に仙台・米沢・会津の三藩が集まり、最終的な降伏条件が次のように整った。
一、会津藩主父子は城を出て謹慎する。
一、鳥羽伏見の戦いの会津藩責任者、三家老の首級を差し出す。
一、封土の削減

## 三つの嘆願書提出

江戸無血開城の後、維新政府軍は会津をめざして北上し、四月末には旧幕府軍が占領していた宇都宮を奪回した。

▼松平喜徳
十五代将軍徳川慶喜の弟として水戸徳川家に生まれたが、会津松平家に養子に入る。後に水戸藩の支藩守山藩主だった松平家を継ぐ。

松平喜徳
（福井市郷土歴史博物館蔵）

閏《うるう》四月四日、奥羽諸藩に仙台・米沢両藩名で列藩会議の開催通知が出され、同月十一日仙台藩白石において会津藩の謝罪降伏嘆願が採択され、翌十二日、仙台・米沢両藩主から九条総督に三つの嘆願書が提出された。

一つは奥羽二七藩重臣名による「諸藩重臣副嘆願書」
一つは会津藩西郷頼母等三家老名による「嘆願書」
一つは仙台・米沢両藩主連名による「会津藩寛典処分嘆願書」

## 世良修蔵暗殺

慶応四年（一八六八）閏四月十九日から二十日にかけて、東北の戊辰戦争の大きなターニングポイントとなった。仙台藩は土湯口に駐留していた会津征討の兵を福島城下に戻した。「会津は討たない」の態度表明である。

この日、白河方面に出張していた世良修蔵は早駕籠で戻り、軍事局長楽寺に書面を差し向け、福島藩士鈴木六太郎を呼び出した。鈴木は家禄百四十石、近習頭で、杉沢覚右衛門（尚好）（目付役、五十石）、遠藤条之助（広間番仲小姓）を伴い世良が宿泊する金沢屋へ急いだ。

酒宴中の世良は鈴木を呼び寄せ、「頼みになるのは福島藩だけである。秋田にいる参謀大山格之助宛のこの手紙を届けてほしい」と依頼した。杉沢覚右衛門はその場から月番家老斎藤十太夫宅へ行き、ことの顚末を報告し、足軽二人を秋田に派遣することの承諾を得て戻り、世良に報告した。ホッとした世良は辞する鈴木らの背中に声をかけた。「仙台藩には異心を持つ者がいるので十分注意するように」と。

大山宛の世良の密書は次のような内容であった。

まず、閏四月十二日に提出された会津藩謝罪降伏嘆願書の内容に触れ、仙台・米沢両藩は恐れるに足りずであるが、会津藩と連合すると面倒になる。私は急遽江戸に上り、大総督や西郷隆盛に奥羽の状況を説明し、その上京都に上り奥羽に朝廷の権威を示すべきであると進言するつもりであり、軍艦を三隻奥羽に廻し、庄内を挟み撃ちにすべきである。また嘆願書は高札場に掲げ多くの人に見せるのが人心を静めるのに有効と思われる。

杉沢は再び斎藤十太夫宅へ行き、事情を説明した。さきほど、世良の依頼を承諾したばかりで、今度はその世良を取り押さえに立ち会えという。斎藤十太夫は混乱して、登城して年寄りたちに諮り、また殿にも説明しなければと即答を避けるが、杉沢は、「福島城下には数千人の仙台藩兵がおり、立ち合いを拒んだらどのような災害が起こるか」と詰め寄った。勝利が見えている維新政府に従うべきであろうが、今は当面の武力圧迫を避けなければならない。いずれにしても小藩はその場その場の力に流され右往左往するだけであった。

杉沢は非常の軍装をして戻ると姉歯武之進（仙台藩）は大喜びをして、合図の笛を吹くと屈強の兵士が六～七人現れた。姉歯は見廻り役（目明かし）浅草宇一郎の手を借りたいと杉沢に迫った。安政の大獄の末席に名を連ねた金原田村の菅野八郎の捕縛の時、幕府町奉行の配下が頼りにした目明かしである。しかし杉沢はその願いを拒否したため、姉歯は直接宇一郎に手伝いを依頼した。宇一郎の返答は、「それは一大事でありますが、とても我々が出向くことではありません。私は卑しい身分の者ではありますが、福島藩に仕える身であります。他藩の命令はきけません」と自らの動向は拒否したが、手下二人を付き添わせた。

そうこうするうちに、鶏の鳴く時刻となり、一行は金沢屋に向かった。

世良は二階上段の間で雷のような鼾をかいて眠っていた。姉歯らが襖を開き突入すると、世良の傍らに寝ていた娼妓は飛び跳ねて逃げ失せた。気付いた世良は床の間に置いてあったピストルを取ろうとしたが果たせず、捕縛され、瀬上主膳が待つ近くの客自軒に引き立てられた。庭前に引き据えられた世良に瀬上主膳は尋問したが、世良は「賊に話す言葉はない。早く首を刎ねよ」と口を結んだ。

いよいよ東の空が白み始め、尋問は無駄と、姉歯らは世良を阿武隈川河畔に引き連れ斬殺した。首級は客自軒に運ばれ、瀬上主膳により首実検され、そのまま仙台藩主伊達慶邦が待つ白石城に運ばれた。白石城では書院上段の敷物をはずし、慶邦は二の間に出座。片倉小十郎景範の家臣が携えてきた世良の首級を慶邦は扇子の骨の間から透かし見て首級実験は終わった。終わって慶邦は小十郎を呼んで叱責した。「汝は首級実験の作法を知らないのか。敵とはいえ、官軍参謀の首級である。汝が持参せずに陪臣に扱わせるとは何事か」と。

世良の首級は白石城外陣場山に埋葬された。その墓は今も残っている。

一方福島城下では、阿武隈川の河川敷に残された世良の首のない遺体をどうにかしようと目明かし浅草宇一郎が動いた。福島藩代官冨田善平宅へ行き、事の顚末を報告。とりあえず、遺体を現場近くの龍鳳寺《りゅうほうじ》に埋葬しようと寺へ急ぎ、住職へ世良の遺体の埋葬を依頼した。しかし住職は、趣旨はもっともだが、当寺には仙台藩兵が多数宿泊しており、世良を葬ったと知られたら何をするかわからない、と申し出を拒否した。宇一郎は現場に戻り、追って他の寺院に埋葬することとし、河畔に遺体を仮埋葬をした。しかし遺体は霖雨洪水のため流されてしまい、結局そのままになってしまったという。後に福島稲荷神社の東北隅に世良らの官修墓（国が設置管理する墓）が建てられたが、そこに世良の遺骸は眠ってはいない。

## 世良が嫌われた理由

『仙台戊辰史』に書かれた世良の挙動・言説には次のようなものがあった。世良を最も憎んだ仙台藩の史料であることを割り引く必要があろうかと思うが、逆に憎んだ当事者の心情でもある。

①奥羽鎮撫総督が仙台に入ってすぐ、世良は仙台藩重役但木土佐等に対して会津征討の遅れを叱責したが、その仕方が恫喝《どうかつ》と蔑《さげす》みであり、「あたかも僕隷を鞭撻するが如」くで、大藩の重役に対する礼儀がなかった。

②仙台城下榴ヶ岡に花見に行き、世良は「陸奥《みちのく》に　桜狩りして　思ふかな　花散らぬ間に　軍《いくさ》せばやと」と詠み、その淫褻《いんわい》の挙動は人目を憚らざるものであった。

③薩長の藩兵は、仙台に来て以来、仙台藩士を侮辱する意味の俗謡を謡い、酒を飲んで街を横行し、徒党を組んで乱暴し、良家の婦女子を捕らえて終身拭うことのできない辱めを与えた。

④以前会津藩へ使節として行ったことのある家老玉虫左太夫を呼び、会津藩主松平容保の心情や国情を尋ねた折、大山格之助と世良は代わる代わる罵詈《ばり》嘲弄《ちょうろう》を加え、次のように言った。「その方は少しは訳のわかる者かと思っていたが、さてさて見下げ果てたものかな。奥羽には目鼻の明いた者はいないのか」

⑤薩長の藩兵は仙台藩を誹謗する意味の俗謡を謡った。一例を挙げれば、「竹に雀を　袋に入れて　後においらの　ものとする」

⑥本宮の宿場で、醍醐少将の宿陣となった大内屋は宿場屈指の富豪で酒屋に旅籠屋に遊女二〇人ほどを抱える妓楼を兼ねていた。遊蕩癖のある世良は大いに喜

び、十九歳の遊女お駒に深く惑溺し、朝に夕に酒を飲み、脂粉の香に酔っていた。閏四月二日、醍醐少将が中山口の戦いを督するため出張してきた時は、大病と称してお駒の部屋から出てこなかった。

そして決定的だったのは、会津藩の謝罪降伏願いに対して、無理難題を突き付けて拒否したことであった。

## 世良修蔵という男、そしてその役割は

世良修蔵は天保六年（一八三五）七月、周防《すおう》国（山口県）大島郡椋野村《おおしまぐんむくのむら》の大地主中司八郎右衛門の三男として誕生した。幼名を鶴吉という。

長州藩は長門国と周防国の二国から成り立つ。しかし、長州藩と呼ばれることからわかるように城下町萩は長門国にある。それ故か、藩の中枢は長門国出身者で占められる。長州藩の人材育成の秘訣に、藩士以外の出自の者でも武家に養子に行かせて藩士として育てるところにある。鶴吉は成人して藩の重臣浦家の家臣となり、萩の藩校明倫館で学び、安政四年（一八五七）には江戸に出て儒者安井《やすい》息軒《そっけん》の三計塾《さんけいじゅく》に学び、その塾長となるなど学問の世界でも頭角を現した。文久三年（一八六三）木谷家の養子となり木谷修蔵を名乗る。この年高杉晋作が奇兵隊を組織すると奇兵隊書記となり、慶応元年（一八六五）第二奇兵隊が組織され

高杉晋作
（国立国会図書館蔵）

ると総督に次ぐ軍監となった。慶応二年、浦家の一族世良家を再興するため世良家を継ぎ、ここに世良修蔵が誕生した。世良は何度も養子に出て、出世魚のようにそのたびに名を変えていったが、このような出世が可能だったのは、文武両道に秀でていたからであると同時に人間性が見込まれたのであろう。

第二次長州征討では、第二奇兵隊軍監として大島口の戦いで功績があり、この後隊務を離れ、藩政府に出仕するようになり、京都で公家相手の政治工作にも携わるなど、文人から武人へそして政治家へと階段を上っていったのである。

では、なぜ世良は奥羽の地であのような嫌われる言動を繰り返したのであろうか。

筆者は、世良の言動は藩命であったと考える。

薩長維新政府は、自己の正当性を主張できるように、戦いは相手から攻撃し、仕方なく防戦したという態度をとってきた。慶応三年の暮、薩摩は江戸で市中警備の庄内《しょうない》藩の屯所に発砲するなど挑発行為を繰り返し、庄内藩が江戸の薩摩藩邸を焼き払う事件を起こし、大坂城の徳川慶喜や会津藩兵を激昂させ、鳥羽伏見の戦いを誘因した。ここでも、奥羽の側から発砲し戦いのきっかけを作ることが作戦だったと思われる。その作戦を遂行するのが世良修蔵と大山格之助であった。

酒と女性に溺れる世良の人間性は、複数の資料に載っており、そうした言動が〝任務〟なのか、世良の〝地〟なのかは不明であるが、明治二年（一八六九）六月に「奥羽出張軍務勉励、遂に賊中に陥り、国難に斃れ候段深く不憫」につき、永世祭粢（神に捧げる供物）として四百五十石下賜されており、またその前年には世良が宿泊していた旅籠金沢屋の主人斎藤浅之助に対して、世良の霊を春秋に祀ったことへの礼として金百両下賜されている。

世良とともに下参謀を務めた薩摩藩士大山格之助は、世良を祀るために奔走し、また福島県護国神社の説明に「官祭には戊辰の役に於ける戦死者参謀世良修蔵以下四百十九名」と世良の名が筆頭に置かれていること。そして明治政府は世良のために官修墓を整備していること。などなど維新政府の世良への評価は戊辰戦争での功労者として非常に高かったことがわかる。

## 後日譚

では、新しい時代になって、世良修蔵殺害の加害者たちはどうなったのだろうか。

明治三年（一八七〇）九月五日、刑部役所（明治四年に司法省役所となる）白洲上に次の七人がいた。

仙台藩瀬上主膳、田辺覧吉、赤坂幸太夫、大槻定之進。（姉歯武之進は白河城の戦いで戦死）

重原藩（福島藩）鈴木六太郎、杉沢覚右衛門、遠藤条之助、である。

判事三人が取調調書を読み上げ、相違ないかと問うと、七人、相違ありません、と回答。暫時休息がとられ、判決文が読み上げられた。

仙台藩瀬上主膳は、仙台藩家老但木土佐からの通達とはいえ、姉歯たちに指図をし、世良修蔵・その家来勝見善太郎を捕縛のうえ斬首したことは不届きに付、厳罰に処すべきところ、御寛典の御趣意により禁固刑に処す。

仙台藩田辺覧吉・赤坂幸太夫、大槻定之進は、瀬上からの指示とはいえ、世良と勝見を捕縛し斬首した件は不届きである。覧吉は、不容易と主膳を説得したとのことであるが、そのまま遂行したことは不届きである。厳罰に処すべきところ、御寛典の御趣意により、御赦免とする。

重原藩（福島藩）鈴木六太郎は、世良修蔵から大山格之助への至急の御用状を速やかに届けなければならないところ、姉歯の暴威があったとはいえ、姉歯へ御用状を渡してしまったことは不届きである。厳罰に処すべきところ、御寛典の御趣意により、御赦免とする。

重原藩（福島藩）杉沢覚右衛門・遠藤条之助は、世良と勝見の捕縛時の立ち合いについて、姉歯の暴威があったとはいえ、立ち会ったことは不届きである。厳罰に処すべきところ、御寛典の御趣意により、御赦免とする。

判決の後、重原藩から太政官弁事役所に、鈴木六太郎、杉沢覚右衛門、遠藤条之助の三人は御赦免となったが、三人とも才能のある人物であり、藩の枢要の職に登用したいが大丈夫でしょうか、と問い合わせがあり、弁事役所から「苦しからざり候」の回答があった。

## 奥羽越列藩同盟の成立

会津藩謝罪降伏嘆願が叶わなくなり、奥羽諸藩は会津征討の軍を引き揚げて、会津征討拒否の姿勢を示し、そして奥羽鎮撫総督府下参謀長州藩士世良修蔵を殺害して、もはや総督府と対峙する以外の方途はなくなった。

仙台・米沢両藩の主唱により奥羽諸藩の重臣が白石城に集まり、今後の対応を協議した。福島藩からは家老の池田権左衛門邦知が出席。閏四月二十三日二五藩の重臣が押印して「大事件は列藩衆議を尽くし、公平の旨に帰すべし」との白石盟約書に調印。会議は続き、同月二十九日には「他国への通報、隣境への出兵は皆同名に報告すべきこと」を定めた奥羽列藩盟約書を結び、軍事同盟の性格をより強めていった。この同盟の拠点として仙台城下片平に奥羽列藩軍務局を定め、当面の問題として白河城防備について具体策を練った。政策としては太政官への建白書が作成された。これは徳川氏処分、会津・庄内藩処分について寛典の方向で解決していただきたいというものであった。

# 奥羽越列藩同盟参加藩

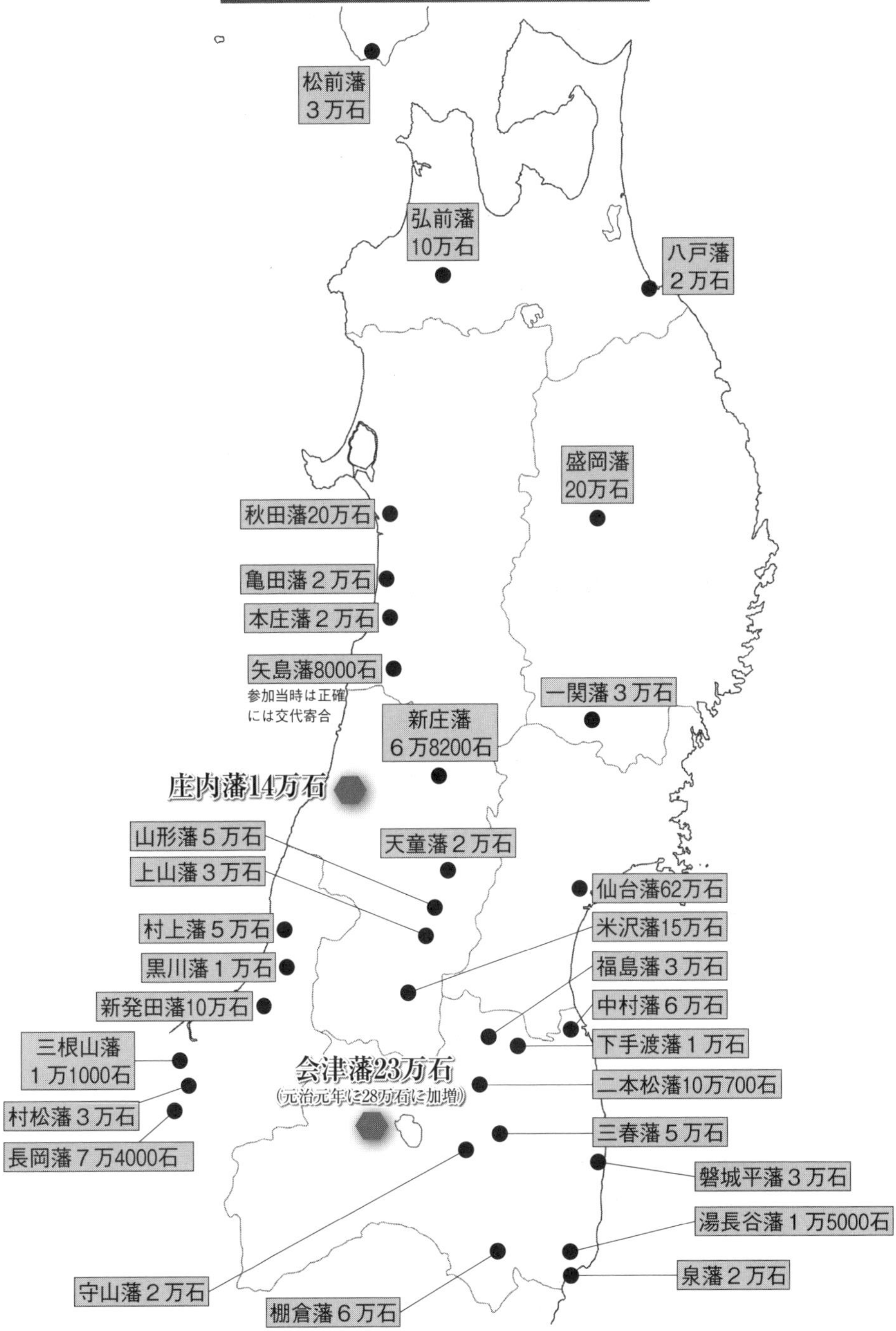

松前藩
3万石
弘前藩
10万石
八戸藩
2万石
盛岡藩
20万石
秋田藩20万石
亀田藩2万石
本庄藩2万石
矢島藩8000石
参加当時は正確
には交代寄合
一関藩3万石
新庄藩
6万8200石
庄内藩14万石
山形藩5万石
天童藩2万石
上山藩3万石
仙台藩62万石
米沢藩15万石
村上藩5万石
黒川藩1万石
福島藩3万石
新発田藩10万石
中村藩6万石
三根山藩
1万1000石
下手渡藩1万石
会津藩23万石
(元治元年に28万石に加増)
二本松藩10万700石
村松藩3万石
長岡藩7万4000石
三春藩5万石
磐城平藩3万石
湯長谷藩1万5000石
泉藩2万石
守山藩2万石
棚倉藩6万石

こうして、五月三日、盟約書と建白書ができあがり、奥羽二五藩による列藩同盟が成立し、続いて、北越六藩（長岡・新発田・村上・村松・三根山・黒川）も加わり、奥羽越列藩同盟に発展した。

そして、福島城下長楽寺の奥羽鎮撫総督府軍事局はそのまま奥羽越列藩同盟軍事局となった。

## 県内の戊辰戦争の展開

同盟成立の二日前の五月一日、奥羽戊辰戦争最大の攻防戦となる白河口の戦いが行われた。東北の関門である白河城は無主の城で奥羽諸藩が守っていたが、数次にわたる白河城争奪戦の後、西軍は棚倉城を攻めてこれを落とし（六月二十四日）、そこから北上する。七月二十六日には三春城が無血開城をし、西軍はここを拠点に二本松城に向かった。二本松藩は白河城や田村郡での戦いに主力部隊を出動しており、二本松城下はほとんど無防備ともいえる状況で、七月二十九日落城してしまった。二本松少年隊の悲劇はこうした中で起こったのであった。そして西軍は、会津藩領と二本松藩領の境である母成峠（猪苗代町）の戦いにも勝利し、会津城下へ進んでいった。

浜通りでは、六月十六日に薩摩・大村・佐土原《さどわら》藩の第一弾が茨城県平潟湊《ひらかたみなと》に

白河城

上陸し、十九日に第二弾（柳川・備前藩）が上陸し、その軍勢は千五百余人に達した。六月末、二十八日には泉藩、翌二十九日には湯長谷藩の陣屋を落とし、小名浜・二ツ橋の激闘を制した西軍は磐城平城に向かった。

七月十三日、西軍は小高い丘の上にある磐城平城への総攻撃を開始した。城内は弾薬も少なくなり、もはやこれまでと自ら城に火を放って脱出し、落城となった。

中村藩は、仙台藩とともに浜街道を北上しつつ防戦に努めたが、七月末には広野、熊町を突破され、藩内の勤王派が藩主を説得し、西軍に帰順降伏を願い出、八月六日これが許可された。七日以降、中村藩は仙台藩と戦うことになる。

西軍攻撃の最終目的地若松城下へは各方面から攻め上がった。

越後からの攻撃を防ぐため、東軍仙台・米沢・会津・庄内の四藩兵は新潟湊に守備兵を置いたが、七月二十九日西軍は上陸に成功して湊を占拠し、ここから阿賀野川を遡って会津平野北部での戦闘を展開した。また柏崎に上陸した一隊は河井継之助が守る長岡城を攻略し、八十里越《はちじゅうりごえ》から

## 西軍の主な進路図

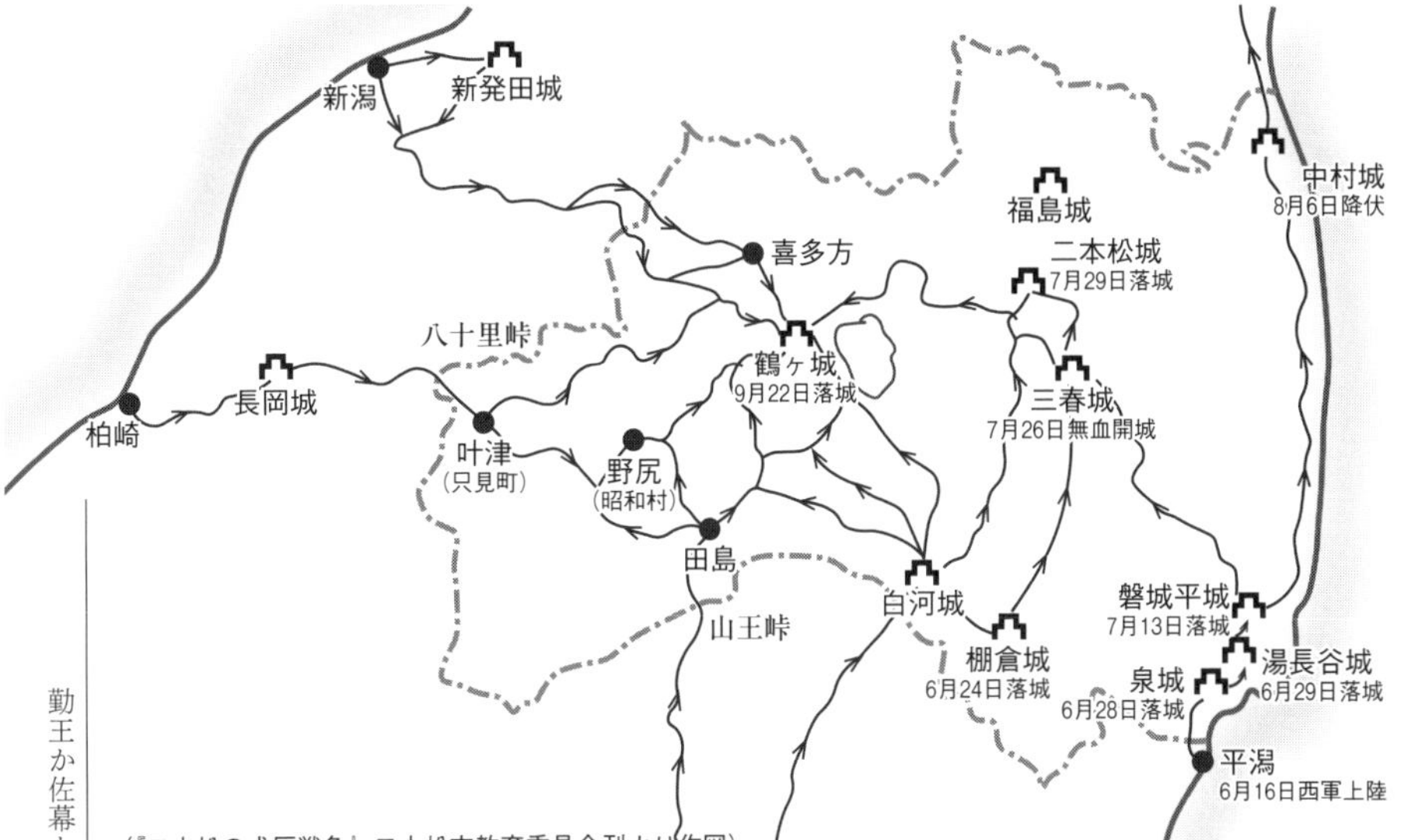


（『二本松の戊辰戦争』二本松市教育委員会刊より作図）

只見《ただみ》へ入った。さらに、日光口を北上した西軍は山王峠を越え、田島に入り、一隊は北上して大内宿を経て若松城下に迫り、一隊は西へ進んで伊南川を下り、大芦（昭和村）を経て城下へ進んだ。

このように、戊辰戦争は福島県内全域で激しい戦闘が繰り広げられ、多くの兵士が戦死し、また農民は食糧や武器弾薬を運ぶために駆り出され、また農兵として前線に送り込まれ多くの命を落とした。

## 福島藩の対応

こうした中、福島藩はどのように対応したのであろうか。

五月初旬、白河城での攻防は続き、福島へは奥羽軍敗戦の報が頻りに入った。福島藩は長楽寺軍事局から棚倉応援として出兵するよう催促があり、派兵を決定した。奥州街道を南下し棚倉へ向かうも、矢吹で待機、しかし敗戦の報を受け、福島に帰陣した。

江戸藩邸では、福島の情勢を知るため使者を福島に派遣したが、奥州街道は北上する西軍や逃げまどう庶民等で混乱し通行不能の状態であった。そこで穂積は中山道から信州路を通って越後に出、会津から本宮口を経て福島に到着している。当時の混乱の様子が窺える。江戸藩邸では牛込の上屋敷は留守番のみを置いて引き払い、下谷新寺町の中屋敷に移り、家中の妻子は東金の御殿・本漸寺・西福寺に移った。

奥羽越列藩同盟では、吾等こそ「官軍」と、東叡山輪王寺宮公現法親王を招聘、宮は仙台国分町養賢堂に入った。福島藩主は養賢堂で輪王寺宮に拝謁、続いて仙台藩主に面謁し、同盟の一員としての忠誠を示した。

七月下旬、三春城危うしとの報が入り、渋川増太郎隊長、軍事係杉沢覚右衛門等を派遣したが、三春は無血開城し、応援部隊は郡山方面に退却した。しかし、この時遠藤謹吾が三春で捕らえられ、彦根藩参謀から帰順降伏の書簡を渡された。福島城では、目付以上が列席し、この書簡について会議が開かれた。藩内には帰順降伏を唱える者もいたが、大勢としては「しかしどうしようもない、城下には奥羽軍事局が置かれ、大藩に接している我が藩としては今独り同盟に反するわけにもいかない」との論が占めた。

七月二十七日、西軍が二本松城に迫っているとの報を受け、大殿（前藩主勝顕）、殿様（藩主勝尚）、奥方その他奥方付き女中等は城を出て米沢に向かった。目明かし浅草宇一郎が庭坂宿まで同道することになった。福島城に主はいなくなった。

「藩」は藩主が将軍から領地を与えられて成立する。領地を与えられた主がいなくなれば領地を返上するしかなくなる。だから、藩主は逃げても生き延びなければならない。磐城平藩主安藤氏も二本松藩主丹羽氏も落城前に脱出している。

北白川宮能久親王
（福井市郷土歴史博物館蔵）

米沢行きの様子を『御歴代略記』は次のように書いている。

駕籠や馬はなく、歩くしかなく、幼子の手を引き、年寄りは杖に縋り、小児を背負い、着替えを背負い、婦女子は懐に剣や小刀を忍ばせていた。庭坂からは山道で困難は尋常ではなかった。以前、棚倉落城の際、阿部家の家中妻子が飯坂・保原の陣屋を頼ってこちらに来た時の困難さを見て、覚悟をしていたものの。庭坂では、二本松藩の藩主・妻子等一行と遭遇するなど混雑を極めた。

## 混乱の福島城下

七月二十九日、二本松落城の報を受け、藩主不在の福島城では開城を決定し、城下町の町役人を呼び、城を開け、藩士は藩主を追って米沢へ行く旨を告げた。仙台藩からは、城下町を焼き払い、信夫山に立て籠もって一緒に戦おうとの談判があったが、拒否し、夕方七つ半（午後五時頃）には全員が城を出て米沢へ向かった。

残された城下の町人たちは、戸鎖をして、年寄り・婦女子は近郷や山野に身を逃れ、家主のみが残って居宅を守った。城下町は「昨日までは諸藩の兵隊も雲霞の如く充満し、立錐の余地もないほどであったのに、今は一人の影さえ見えない」状況と記録に書かれている。

城下から藩士がいなくなったということは、城下を衛る軍隊も警察も消防の機能もなくなったということである。福島城下町は無法地帯となった。そこで各町から代表者を出して消防隊を組織し、昼夜を怠らず市街を警戒した。

仙台藩に細谷十太夫率いる烏組《からすぐみ》と称する一小隊があった。黒ずくめの衣装から烏組と呼ばれていた。この一隊は博徒たちを組織した烏合の衆ではあったが、勇猛果敢で知られ、あちこちの戦いで手柄を立てていた。白河口の戦いで過半数が戦死しており、その戦死者の墓は軍事局の置かれた長楽寺にある。博徒たちの烏合の衆は、負け戦となると暴徒と化した。警察機能のなくなった城下町において、暴徒は馬喰町入口に火を放ち、掠奪を繰り返した。町人たちが組織する消防隊は鉄砲隊を組織して対峙し、北南町のまん中で銃撃戦を展開し烏組隊員数人を射殺している。この騒動の中、馬喰町検断佐藤柳太郎は烏組に生け捕られ、瀬上の陣屋まで連れていかれたが、辛うじて逃げ帰ったというエピソードが残っている。

## 二人の勤王派藩士

渋川家は藩主の板倉家の縁戚で、当主教之助は、最後の福島藩主板倉勝達となるが、早くから勤王を唱えていた。四月、祐筆萱間《かやま》開《ひらく》一人を連れ藩主勝尚に代わり上洛することになった。江戸で有栖川宮熾仁《ありすがわのみやたるひと》大総督に拝謁し、奥羽の状況を説明し、東海道通行印鑑を下付されて京都へ向かった。閏四月五日参内、福島藩の状況を説明し、終えて帰路に就いたが、途中吉田宿で福島からの密書があり、世良修蔵暗殺の報を受け江戸へ急いだ。江戸では維新政府行政官に会い、列藩同盟に加盟しているが、決して本意ではなく、大藩に挟まれてやむを得ない状況にあることを説明したが、新政府からは、それならば藩内の佐幕派を処分せよ、との達しを受けた。渋川は江戸を発ち、水戸を経由して磐城平へ向かったが、既に磐城平は落城しており、さらに北上、相馬中村藩に向かった。中村藩は帰順降伏し、それまでともに戦っていた伊達藩兵と対峙していた。渋川は鳥取藩の軍服を着て新地駒ヶ嶺で伊達軍と戦い、激戦を制して中村城に戻ると、河田参謀から「藩主板倉甲斐守を説得して二本松城に連れてくるように」との命を受けた。そこで渋川は中村を発ち、葛尾～小野新町～三春を経て二本松へ向かった。

内藤豊治郎★は、家老職を務める名門の出で、維新後は自由民権家として活躍、明治十五年（一八八二）板垣退助が岐阜で刺客に襲われた際、刺客を投げ飛ばして板垣を救ったという逸話を残している。

二本松落城後、福島藩では列藩同盟軍の一員として佐幕を貫くか、勤王として奥羽鎮守府に謝罪降伏するか、藩論は定まらなかった。謝罪降伏派は少数派だったが、内藤豊治郎は、鈴木六太郎・遠藤謹吾ら藩士二〇人を連れ城を脱出、二本

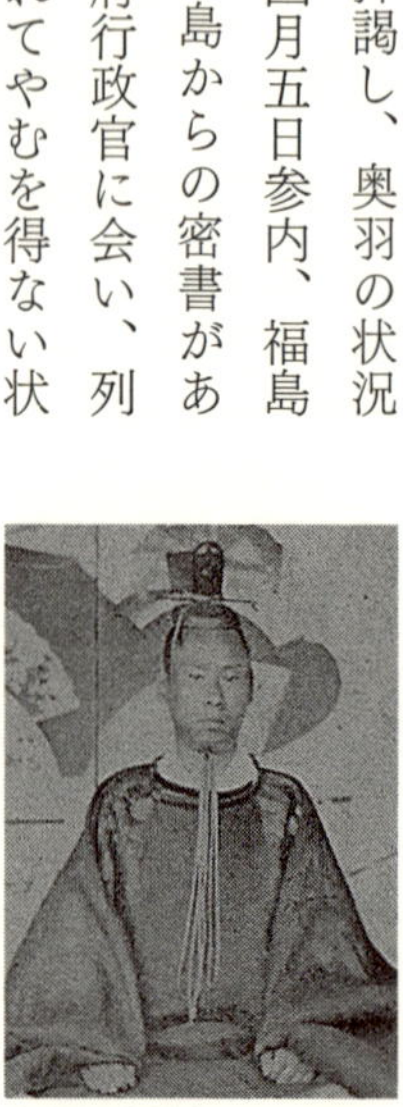

有栖川宮熾仁
（福井市郷土歴史博物館蔵）

▼**内藤豊治郎**（魯一）
弘化三年（一八四六）～明治四十四年（一九一一）重原移住後板垣は内藤を藩の大権事に任命し藩政を任せた。後愛知県で自由民権運動に従事、明治十五年板垣が暴漢に襲われた際、暴漢を取り押さえ名を挙げた。明治三十九年から二期衆議院議員を務めた。

松城へ行き、彦根藩を通して謝罪降伏を願ったがなかなか許されず、板垣退助の尋問に答え、大藩に挟まれた小藩の悲哀などを説明、また彦根藩斥候隊として福島の様子を探ったり、二本柳関門を守衛するなどの働きをした。

二本松では、相馬中村からの渋川教之助とともに藩の存続のため、寛典処分のために奔走した。

内藤等二一藩士の妻子は、藩主たちとともに米沢へ向かい、大沢宿に留まっていたが、〝脱走兵の家族〟として冷遇苛酷な扱いを受け、辛酸を嘗め辛い日々を過ごしたという記録が残っている。

なお、内藤等が二本松へ向かうには、奥州街道は仙台兵などが大勢おり、黒岩の森谷岩松の手引きにより何とか二本松へ辿りついたという。おそらくは阿武隈川の側道を遡ったのであろうと思われるが、福島〜二本松の阿武隈川は県の天然記念物「阿武隈峡」として指定されている急流で、しかも夜間行であり、大変な脱出劇であったと想像できる。

福島藩が維新後の処分が二千石の減知と藩主の隠居・交替、その上菩提寺のある三河重原への転封という寛大処置で済んだのは、渋川・内藤ら勤王派藩士に負うところが大きい。

板垣退助
(国立国会図書館蔵)

# 福島藩降伏

九月初め、二本松へ来ていた渋川教之助は秘かに福島城下に入り、本町の米沢藩の本営で米沢藩隊長に面会し降伏のことを談判した。このころになると米沢藩でも秘かに二本松に使者を遣わして降伏の下交渉をしており、特に反対はしないとの言質をとった。

そしてこの日の夕刻、大沢の宿（山形県米沢市）に滞陣していた藩主板倉勝尚が戻ってきた。二の丸御殿には入らず、家老松原作右衛門宅に入った。渋川・内藤等止走の藩士（内藤等二本松へ走った二一藩士）も入り、残留藩士と対峙した。勝尚から、謝罪・降伏をする旨の言葉があった。

翌日、藩主勝尚は内藤豊治郎等数人を連れ、二本松へ謝罪のために城を出た。乗馬、洋装での出発だった。二本松の手前二本柳宿円遠寺で下馬、そこからは徒歩で進んだ。夕刻、二本松城下入口字八軒の商家・穀屋白木屋に到着、渋川教之助らが待っていた。その夜謝罪状を作成、高橋古三郎が起草、協議して文案が成り、遠藤謹吾が奉書型紙に楷書で浄書した。

翌朝、勝尚は麻上下を着用し参謀本陣に出頭、謝罪状を提出した。

数日後、白河口総督から次の申し付けがあった。

順逆を誤ったことは重大であるが、昨年の秋以来、渋川教之助をはじめ正義の藩士たちが「官軍」に藩の置かれている状況を説明し、一緒に戦い、藩主の謝罪嘆願書を提出し先非を悔いているので、次の三条件を守って正式な沙汰を待つように。

一、寺院に入って謹慎すること
一、福島城と領地と領民を政府に預けること
一、武器を政府に預けること、その目録を提出すること

## 信達の小藩・分領の悲哀 ①下手渡藩の場合

三万石の譜代大名板倉氏でさえ、大藩の狭間にあって時代の趨勢に流され悲哀を味わったが、信達地方には、小藩・分領がモザイク模様に点在していた。そうした小藩・分領の戊辰戦争はどうであったのだろうか。

下手渡《しもてど》藩は、文化三年（一八〇六）、筑後国三池藩立花種善《たねよし》が陸奥国伊達郡下手渡村（現福島県伊達市月舘町）に国替を命ぜられて成立した一万石の外様大名の藩である。

幕末の藩主種恭《たねゆき》は元治元年（一八六四）若年寄・外国事務取扱となり、仏国公使レオン・ロッシュと対面交渉するなど外交手腕を発揮し、元治二年一月十日に

福島藩・下手渡藩と
その分領と
近隣大藩の位置関係図
▲米沢藩（上杉氏）
15万石
▲仙台藩（伊達氏）
62万5000石
▲会津藩（松平氏）
23万石
□下手渡藩（立花氏）
6カ村
6924石
▲尾張藩（徳川氏）
61万9500石
○福島藩（板倉氏）
19カ村
1万6505石余
▲柳川藩（立花氏）
〔現福岡県柳川市〕
10万9000石
○福島藩東金分領
〔現千葉県東金市〕
3カ村
2928石
○福島藩重原分領
〔現愛知県刈谷市、知立市〕
19カ村
1万0578石
□下手渡藩三池分領
〔現福岡県大牟田市〕
5カ村
5071石

は老中格・会計総裁に任命されるなど幕閣として活躍した。しかし、地元下手渡は藩財政が逼迫し、要職を辞めてほしいと懇願し、また本藩柳川藩からは上洛して勤王の志を示すように促されていた。幕府の外交と財政の要職にあった種恭は辞職願を出し、二月五日御役御免となり、領内からの藩主下向の懇願に、三月半ば下手渡陣屋に入ったが四月半ば上洛し、謹慎を命ぜられた。

一万石の藩主不在の下手渡陣屋では、北の大国仙台藩に抵抗することは叶わず、五月、奥羽越列藩同盟に加盟するしか途はなかった。

一方藩主種恭は、本藩柳川藩とともに関東鎮守府に出兵を願い出て、六月十九日柳川藩兵とともに平潟に上陸、磐城で参戦、磐城平城攻撃に加わった。

仙台藩からすれば、下手渡藩は同盟軍なのか、敵軍なのか、疑心暗鬼の中で、八月十四日、御代田《みよだ》村（現福島県伊達市月舘町）の名主を拉致。これに対して農民たちが結集し仙台藩兵を殺害して戦闘状態に入った。十六日には仙台藩兵三〇〇人ほどが下手渡陣屋を襲撃し、放火・掠奪を繰り返し、陣屋で確保していた兵糧米六〇〇俵を奪った。同月末の小島村（現福島県伊達市月舘町）中島での戦闘では仙台藩兵四〇人余が戦死、西軍も二名、地元猟師三人が戦死するなど一カ月余り戦闘が続いた。『戊辰見聞録』に「掛田・小国・月舘辺の悪党退散し、今日より梁川・保原辺の通行相成り申し候」と書かれたのは九月十三日のことであった。

## 信達の小藩・分領の悲哀　②新発田分領の場合

越後新発田《しばた》藩の分領が現在の福島市にあり、八島田《やしまだ》に陣屋が置かれていた。戊辰戦争時に市内の新発田藩領であった村々は、陣屋の置かれた八島田村・二子塚《ふたごづか》村・庄野村・上名倉《かみなぐら》村・成田村・新田野目村・石名坂《いしなざか》村と笹木野村の一部であった。

本藩の新発田藩は早くから勤王の立場にあり、一月の維新政府の上洛の呼びかけに、江戸藩邸からと新発田から各二〇〇人の藩兵を派遣していた。三月江戸からの帰路、若松城下で家老溝口《みぞぐち》伊織《いおり》は会津藩家老西郷《さいごう》頼母《たのも》の詰問に「京都への派兵は朝廷の要請によるものである。しかし決して幕府を軽んずることは我が藩の意志ではない。」と答えているように、十万石の藩といえども、奥羽越の地にあっては、旗幟鮮明にすることはためらわれたのである。

奥羽越列藩同盟の成立についても、当初は不参加の態度であったが、五月十五日、仙台藩家老玉虫左太夫、米沢藩若林作兵衛が新発田を訪れ、加盟しない理由を問い、抗し切れずに十七日、越後の他藩に十日以上遅れて参加を明らかにした。このように新発田藩の列藩同盟加盟は仙台・米沢両藩からの強い圧力によるものであった。六月一日、藩は総督府に上申書を提出「先日、仙台・米沢両藩が来て、列藩同盟への加盟を強要し、もし不参加の場合はまず新発田を攻撃するといわれ、小藩微力故やむを得ず加盟」した旨を訴えた。六月半ば、出兵しようとしない新発田藩に対し、米沢・会津藩等が新発田城を取り囲み、攻撃を通告、翌日家老溝口内匠は出兵を約束した。七月末、西軍は新発田藩領松ヶ崎に上陸し、新発田城を取り囲む列藩同盟軍を攻撃し、新発田藩を解放した。八月、新発田藩は帰順し、西軍の先鋒として薩摩・長州兵とともに出撃した。

こうした状況の中、福島では米沢藩兵が八島田の新発田藩陣屋を占領した。そして、記録によれば「今日、昼過ぎに米沢藩士三・四〇人ほどが八島田陣屋に来て、陣屋にいた藩士や仲間・小者まで一人残らず米沢へ連れ去っていった」と。米沢に拉致された新発田藩陣屋の役人たちは十月四日まで留め置かれたという。

## 戦争と村々の人びと

戦争する側にとって大事なことは兵力と武器の確保は当然だが、食糧と兵站の確保が同じように大事になる。兵站とは武器・弾薬・兵糧の輸送ことで、輸送力は現地での確保、つまり現地農民を人夫として徴発した。人夫にはお定め賃銭が支払われるが、負け戦の軍に徴発された場合にはただ働きになることも多々あった。また支払われたとしても、農繁期に徴発される農民にとってはたまったものではなかった。

会津藩征討を命じられた仙台藩はそのベースキャンプ地となった荒井村とその周辺で四月十七日から閏四月十四日までの三十日足らずの間で人足七六〇三人、馬一四七〇頭を徴発している。田植えの準備・田植えの時期で、春の養蚕も始まる時期にであった。

遠征軍は、食糧も初めは運んだが、次第に現地調達となり、米価は高騰した。慶応四年の福島の相場は、白米、金一両に付、一斗四升とある。江戸時代、平時ならば一両＝一石が相場であるから、七倍の値上がりとなっている。

信達地方の年貢納入法は半石半永、つまり半分は米で、半分は銭で納めることが原則であるが、養蚕地帯のこの地方では、米を買って米納する農家も多く、米価の高騰は二重に農家を苦しめた。また銭相場も一両＝銭八貫四〇〇文とある。幕末は平時で一両＝六五〇〇文が相場であるので、大変な金高・銭安となり、庶民の生活難を増大させた。

本来村の治安を守る福島藩兵が、前線で戦ったり、街道を移動したり、待機したりで、村は無法状態になっていた。そうした中で、喰うに喰えない乱暴者が金をせびりに村を渡り歩いた。慶応四年（一八六八）伏拝《ふしおがみ》村の「村方諸入用控帳」によれば、「一、三〇文　雲助」「一、五〇文　浪人」「一、五〇文　出家」と毎日のように書かれている。恐喝まがいに金をせびる雲助や浪人や僧侶（を装った輩、

「金を出さないと地獄に落ちるぞ」と脅して銭をせびった）たちに名主など村役人は要求を呑まざる得なかったのであろう。こうした理不尽な要求は村の入用として支払われ、年度末に村人たちに請求された。

## 重原移封、そして福島藩の消滅

明治元年（慶応四年九月八日明治改元＝一八六八）十二月、行政官から板倉勝尚宛正式な処分があった。それは、禄高のうち二千石の減知で二万八千石とすること。土地替えとなること。勝尚は隠居とし、血脈の者を継嗣とすること。の三点であった。

領地替えについては明治二年一月二十五日に沙汰がり、岩代国信夫郡（高一万六千五百九十六石余）と上総国山辺郡（高二千九百八十九石余）は召し上げとし、三河国重原分領（高一万五百七十八石）はそのまま据え置き、新たに岩代国大沼郡（高一万七千七百五十四石余）を下賜する、というものであり、ここに福島藩は消滅した。

勝尚は隠居を命ぜられたが、家名の存続は許され、渋川教之助が板倉勝達として最後の藩主となった。

藩では、家臣の行き先を大沼分領、重原分領、江戸藩邸に振り分け、移転の準

板倉勝達
（板倉神社蔵）

備を進めていたが、明治二年六月二十六日改めて申し渡しがあり、大沼郡の領地をすべて上知とし、その代わり改めて三河国碧海・加茂・設楽の三郡内に高一万七千七百五十四石余を下賜するというもので、板倉家にとって、三河以来の先祖の地に二万八千石すべての領地をいただくという願ってもない結果となった。

## 福島県の成立

進軍してきた西軍は、占領した村々の名主宅に高札を立てた。「五榜《ごぼう》の掲示《けいじ》」といわれる五枚の高札で、五倫《ごりん》の道★を正しくすべきことなど内容的には江戸幕府の方針と変わらないが、太政官の名で布告したことに意義がある。つまり、国の主権が幕府から維新政府に移ったことを示したのである。慶応四年（一八六八）三月と末尾にあるが、おそらく大量に作って運び、占領した先々で真っ先に行った政治活動であったのだろう。

明治二年（一八六九）一月二十五日、板倉氏支配の信夫郡内一万六千五百九十六石余が上知となり、福島藩が消滅したが、二月十日、相馬中村藩が民政取締所としてこの地を管理することになった。中村藩は八月初めに恭順が許され西軍として仙台藩と戦った功績が認められ、福島の地を管理することとなったのである。二月十二日には福島城地が引き渡された。城地引渡しは、官庁としての城（御

▼五倫の道
君臣の義、父子の親、夫婦の別、長幼の序、朋友の信。

殿）だけでなく、家臣の居宅の不動産から重原へ運べない畳まで引き渡すことになるので、それを仲介する確かな人間を必要とした。その任を担ったのが、幕末に中村藩士を辞めて福島城下に引っ越し、商売をしていた二宮《にのみや》嘉助《かすけ》（福島初代市長二宮哲三の祖父）が中村藩・福島藩双方の信頼厚くスムーズにその任務をこなし、混乱なく城地引渡しが完了した。

明治二年七月二十日、第一次福島県が成立した。その版図は信夫郡・伊達郡・安達郡の民政取締所が管轄する地域であった。

県の設置は明治四年の廃藩置県によるものだが、福島のように戊辰戦争後の処分で上知となった地域では、明治二年の段階で県が置かれている。県は、世襲領主による地方文献的な地方行政区域である藩と違って、中央政府から派遣された藩知事（→県令→知事）が管理する中央集権的地方行政区域であり、信夫郡の福島藩域はいち早く中央集権国家の支配下に入ったのである。

福島県は、この後明治四年の廃藩置県で成立する中通りを版図とする第二次福島県があり、その後明治九年に磐前県・若松県・福島県が合併してできる第三次福島県の三段階（厳密には、その過程で、新地町の宮城県からの編入、宮城県南部の亘理・伊具・刈田三郡の編入・離脱、そして東蒲原郡の新潟県への編入などの出入りがある）の福島県がある。

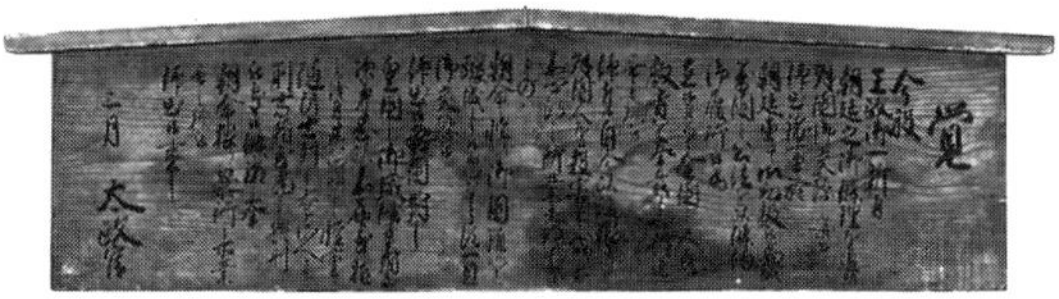

五榜の掲示（一関市博物館）

これも福島

## キューピッドになれなかった古関裕而

若き日の古関裕而
（国立国会図書館蔵）

福島市出身の作曲家古関裕而（明治四十二年＝一九〇九～平成元年＝一九八九）にとって昭和五年は激動の一年間だった。

一月末地元紙『福島民報』に「市内一青年の作曲が認められて世界の舞台に」の見出しが躍った。古関裕而《こせきゆうじ》の応募曲「竹取の翁」がロンドンの懸賞音譜コンクールで二等賞になったことが報じられ、斯界において一躍著名人となった。六月に内山金子さんと結婚。九月には山田耕筰の推薦によりコロンビア専属作曲家となり上京し、プロの作曲家となった。

この間、七月から八月にかけて大きな出来事があった。

七月二十四日、画家竹久夢二が福ビルで個展開催のために福島を訪れた。福島の財界人・文化人たちは連日連夜夢二を接待し、在福の文化人を紹介した。まだ銀行員だった古関裕而もその一人であった。おかげで裕而は個展会場で準備中の夢二の作品を見ることができた。

夢二の福島の情景とそれに付した都都逸（七・七・七・五の短歌）を見て、インスピレーションが湧いた裕而はさっそく曲を作った。翌年裕而のレコードデビュー作となる「福島小夜曲（セレナーデ）」である。裕而は早速作品を夢二に届けた。

その直後夢二は市内中町の丹治呉服店の令嬢丹治晴子さんを紹介された。恋多き画家夢二は早速手紙を書いた。

手紙の日付は八月一日。

「昨日は突然失礼しました。どうか私のために曲げて力を添へて下さることを望んでやみません。別紙の曲です。御覧のうへ、もしよかったら古関君に御引合せします。御都合のよき時間をおしらせください。…（後略）…八月一日　竹久生　丹治嬢」。

丹治晴子さんはこの年東京音楽学校（現東京芸術大学音楽科）を卒業したアルト歌手。八月二十六日に福ビル内ホールで演奏会を開き、シューベルトやシューマンの曲を披露することになっていた。晴子嬢からすれば、前途洋々たるクラシック声楽家の私が、なぜ都都逸調の歌謡曲を唄わなければならないの、という気持ちだったのだろうか。

十数通の手紙を書いたが、いろよい返事はもらえず、夢二はこの年十二月「またこの手紙も付箋がして帰ってくる運命かも知れませんが思ひついただけはとりあへず申上げねば気がすまぬのです。お送りします。」と書き、福島での恋は終了した。

晴子嬢はその後結婚して川崎晴子となり、文教大学教授として教鞭を執った。

「福島小夜曲」は夢二と晴子嬢をとりもつ恋のキューピッドにはなり得なかった。

# エピローグ　旧福島藩士内藤豊治郎改め内藤魯一

「賊」軍となった福島藩が板倉家の故郷三河国重原に分領なしの二万八千石で移り、生き残ることができたのは、藩論に反して勤王を貫いた二人の藩士の功績であると本論で書いた。渋川教之助と内藤豊治郎である。

藩主板倉勝尚は隠居を命ぜられ、血脈の者を継嗣とすることとなった。この時点で継嗣の有資格者としては菊次郎と銀吉がいたが、前者は病身であり、後者はまだ乳児であり、この日常時に任せられる継嗣としては血脈の者では渋川教之助がいた。

血筋を重視する派と藩主としての能力を重視する派で議論があり、渋川教之助自身も一度家臣となった者が当主にはなれないと辞退していたが、内藤豊治郎等が強く推し、教之助も受け容れて福島藩最後の藩主板倉勝達となった。

明治二年（一八六九）二月三河国重原に移転、福島藩が消滅し、板倉勝達を藩主とする重原藩が成立した。藩域は現在の愛知県知立市・刈谷市である。

内藤豊治郎は重原藩参政職を任じられるが、勝達を補佐するために必要な知識を得るため、これを固辞して東京下谷の伝経塾に入り一年間勉学に励んだ。

明治三年八月伝経塾を辞め、重原に戻ると、十一月太政官より重原藩大参事に任じられた。この頃豊治郎は内藤家で代々襲名してきた「豊治郎」をやめ、諱《いみな》である「魯一」を名乗ることになる。大参事任命状も「内藤魯一」である。

明治四年廃藩置県により重原藩は消滅し重原県が成立する。魯一は大参事として旧藩士の生活を守るため士族授産に取り組み精力的に活動する。すなわち、山林・原野の開墾とそこでの茶の栽培や養蚕業の奨励そして当時としては異色の養豚業に取り組んでいる。養豚業では旧福島藩分領の東金のある千葉県上総地方や福島県に出張し、豚を購入し東京で販売したり三河へ運送したりしている。また原野開拓に欠かせない農業用水を引くため、明治用水の開鑿と利用についても地域のために働いた。明治八年には内務卿大久保利通に「士族授産の急務」に関する建白書を提出し、翌九年には愛知県令安場保和に「生計目途弁に勧業の事に付き建白書」を提出している。

県や国との関係や地元の旧士族・農民との関係が濃くなってくると自由民権運動にも関わってくるようになった。

明治十二年旧重原藩士と周辺豪農を中心とした三河交親社を設立した。翌十三年には愛知県交親社を作り、愛国社第四回大会に参加、さらに国会期成同盟第二回大会に出席、同十四年には私擬憲法「日本憲法見込案」を『愛岐日報』紙上で発表した。同年自由党が結成されると幹事に選出されたが、十一月には集会条例違反で罰金二円、遠足留を宣せられた。そして明治十五年四月六日岐阜での自由党政談演説会で板垣退助が暴漢に襲われ刺される事件が起こった。この時真っ先に飛び出し、刺客相原尚褧《あいはらなおふみ》を投げ飛ばし取り押さえたのが内藤魯一であった。「板垣死すとも自由は死せず」の名言を残した事件である。

その後明治十七年には自由民権運動の激化事件として知られる加波山事件に関与した廉で禁錮二カ月罰金五円の判決を受けている。

自由民権運動が終焉し、帝国議会開催が間近になった明治二十一年愛知県議会議員となり、県会議長を数期務め、次に衆議院議員選挙にたつも数度落選、明治三十八年衆議院議員補欠選挙で当選し、二期務めたが、明治四十四年現職のまま死去した。享年六十六歳。その前半は福島・重原藩のために、後半は三河から全国へ視野を広げ政治家として活動した生涯であった。

福島藩は戊辰戦争後三河に移ったことで、旧藩士の活動は地元ではあまり知られていないが、内藤魯一を生み出したのは福島の土壌であったことは間違いない。

# あとがき

福島県にあった藩といえば、まず最初に名前が挙がるのが、県内最大の藩であった会津藩でしょう。会津藩といえば、寛永二十年（一六四三）の保科正之の入部以来二百年余続いた松平会津藩二十三万石です。その次に県内第二の大藩二本松藩もまた同年入部の丹羽二本松藩十万七百石のことを考えるのが普通なのかもしれない。

しかし、福島藩は、といえば元禄十五年（一七〇二）入部の板倉福島藩三万石を言うのであろうが、板倉氏の福島の支配は百七十年ほどであり、当初は三万石の一割は上総東金の分領です。その上、寛政四年（一七九二）には一万石が三河に村替えとなり、板倉氏の福島地方での支配は信夫郡のうちわずか十九カ村二万六千石余になってしまうのです。

また、城下町福島は奥州街道沿いに旅籠や土産屋店が立ち並び、三万石の小藩にしては賑やかな城下町でした。それは信達地方の養蚕製糸業の発達が全国から生糸商人や蚕種商人が大勢買い付けに来たこと、蚕種紙、生糸、絹織物、その副産物としての紙製品の輸送業者が行き交ったことが大きな理由であると思われます。こうした蚕糸業も信達地方という大きな地域のトータルな歴史の産物なのです。

こうした地域の特性があり、藩物語福島藩の執筆を依頼された時、純粋に板倉福島藩のことのみを叙述できるだろうか、できたとしても経済面や社会面、民俗習俗面などを含めトータルな歴史叙述になるのだろうか、という疑問が解消できず躊躇してしまいました。そこで、現代書館さんにお願いし、他藩の扱いとは少々異なりますが、福島藩を中心に信達地方（旧信夫郡と伊達郡、本県中通りの県北地方を指す）の歴史を書かせてもらうことにしました。

藩物語シリーズの中では多少異質の構成になってしまいましたが、そうしたことを念頭に藩物語福島藩を読んでいただければ幸いです。

末尾になりましたが、今回の出版にあたり、株式会社現代書館社長菊地泰博氏、編集担当加唐亜紀氏をはじめ多くの方に大変お世話になりました。心より感謝申し上げます。

参考文献

『福島県史』第二巻・第三巻
『福島市史』第二巻・第三巻・第四巻
周辺市町村史（桑折町・国見町・保原町・梁川町・月舘町・二本松市）
『知立市史』第一巻・第二巻
『仙台市史』通史編三（近世一）
『ふくしまの歴史3近世』（福島市教育委員会）
『ふくしま歴史絵巻』（福島市教育委員会）
『福島市史資料叢書』第22・24・30・52・60・66輯（福島市教育委員会）
『福島県女性史』（福島県女性史編纂委員会）
『二本松の戊辰戦争』（二本松市教育委員会）
『大相撲人物大事典』（ベースボール・マガジン社）
『鐘よ鳴り響け　古関裕而自伝』（集英社）

**守谷 早苗**（もりや・さなえ）
昭和二十七年（一九五二）福島県須賀川市生まれ。県立高校社会科教諭・県立博物館学芸員・県教育委員会文化課文化財係などを経て二〇二五年退職。
その後福島市史編纂室嘱託勤務。現在福島県文化財保護審議会委員。著書に『天明の飢饉と諸藩の改革』『福島雑学Ⅰ』他。

シリーズ藩《はん》物《もの》語《がたり》 **福島藩《ふくしまはん》**

二〇二五年三月三十一日 第一版第一刷発行

著者――守谷早苗
発行者――菊地泰博
発行所――株式会社 現代書館
東京都千代田区飯田橋三―二―五 郵便番号 102―0072 http://www.gendaishokan.co.jp/
電話 03―3221―1321 FAX 03―3262―5906 振替 00120―3―83725
組版――デザイン・編集室 エディット
装丁・基本デザイン――伊藤滋章（基本デザイン・中山銀士）
印刷――平河工業社（本文）東光印刷所（カバー・表紙・見返し・帯）
製本――村上製本所
編集――加唐亜紀
編集協力――黒澤 務
校正協力――高梨恵一

 ISBN978-4-7684-7166-1

# 江戸末期の各藩

**松前**、**八戸**、七戸、黒石、**弘前**、**盛岡**、**一関**、**秋田**、亀田、本荘、秋田新田、仙台、松山、**新庄**、**庄内**、天童、長瀞、**山形**、上山、**米沢**、米沢新田、相馬、**福島**、**二本松**、**三春**、**会津**、**守山**、棚倉、平、湯長谷、泉、**村上**、黒川、三日市、**新発田**、村松、三根山、与板、**長岡**、椎谷、**高田**、糸魚川、松岡、笠間、宍戸、**水戸**、下館、結城、**古河**、下妻、府中、土浦、麻生、谷田部、牛久、大田原、黒羽、烏山、喜連川、**宇都宮・高徳**、**壬生**、吹上、**足利**、佐野、関宿、高岡、佐倉、小見川、多古、一宮、**生実**、鶴牧、久留里、大多喜、請西、飯野、佐貫、勝山、館山、岩槻、忍、岡部、**川越**、沼田、前橋、**伊勢崎**、館林、高崎、吉井、小幡、安中、七日市、飯山、須坂、**松代**、**上田**、**小諸**、岩村田、田野口、**松本**、諏訪、**高遠**、飯田、金沢、荻野山中、**小田原**、**沼津**、小島、田中、掛川、**相良**、横須賀、浜松、富山、加賀、**大聖寺**、郡上、高富、苗木、岩村、加納、大垣、高須、今尾、犬山、挙母、**岡崎**、西大平、西尾、**三河吉田**、**田原**、大垣新田、尾張、**刈谷**、西端、長島、**桑名**、神戸、菰野、亀山、津、久居、鳥羽、宮川、彦根、大溝、山上、西大路、三上、膳所、水口、丸岡、勝山、大野、**福井**、鯖江、**敦賀**、小浜、**淀**、新宮、田辺、紀州、峯山、宮津、田辺、綾部、山家、園部、亀山、福知山、柳生、柳本、芝村、郡山、小泉、櫛羅、**高取**、高槻、麻田、丹南、狭山、岸和田、伯太、豊岡、出石、柏原、篠山、尼崎、三田、三草、明石、小野、姫路、林田、安志、龍野、山崎、三日月、赤穂、鳥取、若桜、鹿野、**津山**、勝山、新見、岡山、庭瀬、足守、**岡田**、岡山新田、浅尾、**備中松山**、**鴨方**、**福山**、**広島**、広島新田、高松、丸亀、多度津、西条、小松、今治、松山、**大洲・新谷**、**伊予吉田**、**宇和島**、徳島、**土佐**、土佐新田、**松江**、広瀬、母里、浜田、津和野、岩国、徳山、長州、長府、清末、小倉、小倉新田、**福岡**、**秋月**、**久留米**、柳河、**三池**、蓮池、唐津、**佐賀**、**小城**、鹿島、大村、島原、平戸、平戸新田、**中津**、杵築、日出、**府内**、臼杵、**佐伯**、森、**岡**、熊本、熊本新田、宇土、人吉、延岡、高鍋、佐土原、飫肥、薩摩、対馬、五島（各藩名は版籍奉還時を基準とし、藩主家名ではなく、地名で統一した）　★太字は既刊

シリーズ藩物語・別巻『白河藩』（植村美洋著、一六〇〇円＋税）

シリーズ藩物語・別冊『それぞれの戊辰戦争』（佐藤竜一著、一六〇〇円＋税）

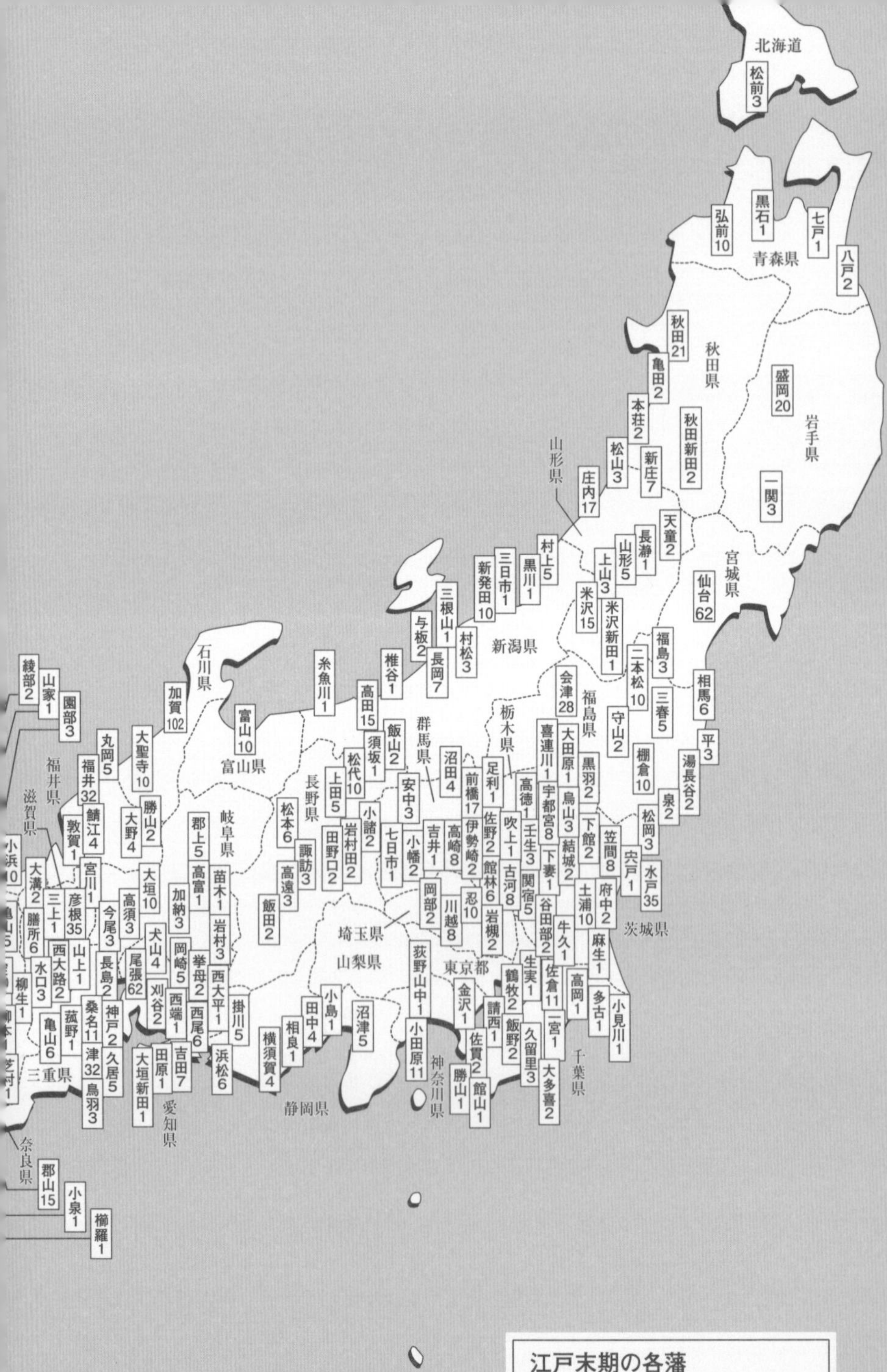


**江戸末期の各藩**
（数字は万石。万石以下は四捨五入）